バレーボール
勝利につながる
体づくり
競技力向上トレーニング

NEC レッドロケッツ 監修

JN112507

メイツ出版

はじめに

　私はこれまで高校より上のカテゴリーの選手しか関わったことがありませんが、高校までにある程度しっかりトレーニングを行ってきた選手は、体の強さ、筋力的な強さを持っています。しかし、そうした選手はまだ少数派です。

　かつて子どもたちは、野山や河原を駆け回る遊びを通して、体の巧みさや可動性を自然に養っていました。今はそういうことが難しい時代で、だからこそ競技スポーツではトレーニングの重要性が高まっています。

　バレーボールを長く、より楽しむために、ジュニア期から様々な運動経験を通じて、トレーニングの基本的な動きを学習していきたいところです。その後、ウエイトトレーニングを本格的に始める年代になったときに、「これくらい基本ができていれば問題ない」というぐらいにトレーニングの知識ややり方が身についているのが理想的だと考えます。

　もちろん、本書だけで細かくすべてを説明しきれないほどトレーニングは奥深いものです。しかし、少しずつでもトレーニングの文化が根づくことで、若い選手の育成、愛好家のみなさんを含めたすべてのプレイヤーのレベルアップやケガの減少につながります。

　本書をご覧になったみなさんが、「バレーボールが前より楽しくなった」と思っていただく一助になれば幸いです。

NECレッドロケッツ

トレーニングコーチ　**一関 侃**

CONTENTS

バレーボール　勝利につながる「体づくり」
競技力向上トレーニング

Part1
バレーボールはどんな競技？　9

Part2
可動性を引き出すトレーニング　21

可動性を引き出すメリット
体を思い通りに動かせるように巧みさを出す　22

Part3
しなやかな上半身をつくる

Part4

パワーを生み出す土台をつくる 77

下半身を強化するメリット
「レシーブは脚から」というくらい下半身強化は重要 78

本書の使い方

本書は、バレーボールのプレイヤーに向けて、競技力向上につなげられる体づくりのトレーニングをまとめています。スパイク、ブロックで必要なジャンプ動作、レシーブ時の巧みさやアジリティなど、バレーボール競技に必要な身体要素を総合的に高めるためのトレーニングを紹介しています。本書のトレーニングを行い競技力向上に役立ててください。

トレーニング種目名

ここで取り上げるトレーニングの種目名です

本文

紹介しているトレーニングの概要を解説しています

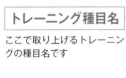

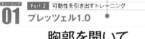

解説&POINT

トレーニングのやり方や行う際のポイントや注意点です

バリエーション

トレーニングのバリエーション種目です。動作は違いますが、トレーニングのねらい、目的は同じです。難易度や強度が違います

training data

- 主な部位：このトレーニングで主に鍛えられる部位です
- 難易度：トレーニングの難易度を3段階で表しています。星1つがもっとも易しく、星が増えることに難易度が上がります
- 強度：トレーニング強度を表します。平均的な強度の数値が2。1が強度が弱く、4が最大強度です
- 回数目安：トレーニングを行う際の回数とセット数の目安です。左右とも行うものは「左右」と表記しています

Part 1

バレーボールは
どんな競技？

バレーボールの競技特性

アタックやブロックでのジャンプ力
レシーブに対応できる身体動作が必要

©NEC REDROCKETS

ボールを落とさずにラリーを制す

　バレーボールは、ネットによって分けられたコート上で、2つのチームがネット越しにボールを打ち合う競技です。コートにボールを落とすことなく、主に手や腕を使って3回以内（6人制はブロックによる接触を除く）で相手コートに返球し合います。いくつかある個人技術が結びついて、チームによる攻撃と守備の集団的な戦術に発展していきます。相手チームのサーブをサーブレシーブでつなぎ、トスを上げ、スパイクを打ち込む。もう一方のチームはブロックやレシーブで防ぎ、自分たちの攻撃につなげていくのが基本的な流れで、ラリーを制した側に得点が入ります。

特徴①
基本的な個人技術

　個人技術には、試合開始時や各ラリーの最初に相手コートに打つ「サーブ」、ラリーで相手コートに打ち込むスパイクなどを総称した「アタック」、相手スパイクを防ぐためにネット上に壁を作る「ブロック」がある。サーブを受ける「レセプション（サーブレシーブ）」、スパイクを受ける「ディグ（レシーブ）」、味方に攻撃させるためのパスで、一般的にはトスと呼ばれる「セット」がある。

©NEC REDROCKETS

特徴②
同じ技術でも
使う筋肉や関節は様々

　例えばサーブには、ジャンプして強打を放つスパイクサーブやジャンプをしないフローターサーブなど、助走の有無やジャンプの有無、ボールにかける回転と、同じ技術でもプレイヤーによってやり方が変わる。当然、使う筋肉や関節も変わってくるので、自分のプレースタイルに合ったトレーニングを考え、採用していく必要がある。

©NEC REDROCKETS

必要なフィジカル① 体の巧みさ

自分の体を理解し
効率よくコントロール！

©NEC REDROCKETS

自分の体をコントロールする

バレーボールは、ラケットのような道具を自分で扱って行う競技ではありません。つまり、自分の体を無駄なく、効率的にコントロールできないと、ボールを意図した所に送ったり打ったりすることができないわけです。よくジュニア世代の指導者から「選手がうまく体を動かせない」という声を聞きますが、これは実はVリーグレベルの選手でもあることです。体の巧みさとも言い換えることができますが、いろいろな動きを経験することで自分の体を知覚することにつながります。自分の体をよく理解し、コントロールできるようになると、プレーのパフォーマンスの幅が広がります。

POINT 1

安定した
空中姿勢を作る

体の巧みさは、ジャンプした時に空中で安定した体勢を取る、全身を投げ打ってレシーブした直後に、すばやく立って再びレシーブ姿勢を作るなど、様々な場面で不可欠。すばやいスタート、ストップ、方向変換といった瞬間的な速い動作や、方向の変わったボールに対応する敏捷性にも関わってくる。

©NEC REDROCKETS

POINT 2

タイミングよく動く

体の巧みさを鍛えるには、バランスを取ってある体勢を維持したり、ある体勢からある体勢に変化させたりする、あるいは何かの動きに対応してタイミングよく動くといった方法がある。筋力的なきつさはそれほど感じないものの、簡単そうに見えて意外に難しい動きが少なくない。

©NEC REDROCKETS

必要なフィジカル② 筋力

ジャンプ動作が多いため
下半身はとくに鍛える

脚が5〜6割、背中が2〜3割

　サーブ、レシーブ、スパイク、トス、ブロックなど、基本的には手や腕でボールを扱うため、フィジカルトレーニングも上半身が重要と思いがちです。しかし、ジャンプ動作が多く、1回1回の出力も高いので、どの技術も土台部分にあたる脚がポイントになり、トレーニングも下半身に最も時間

を割いていきたいところです。

　小学生ぐらいではボールを使った体遊びのような要素をやや多めにしても良いですが、ある程度体が成熟してくる中学生や高校生以上は、フィジカルトレーニングの5〜6割を脚、2〜3割を背中、残りは背中を除く上半身という割合がいいでしょう。

POINT 1
ジャンプの負荷が高い競技

他のネット型競技と比べてネットが高いバレーボールは、ジャンプ系の動作がとくに多い。5セットマッチでは、ミドルブロッカーやセッターは1試合に150回以上、より高い位置で、より強くスパイクを打つ場面が多いサイドアタッカーは90〜100回近くジャンプすると言われる。

©NEC REDROCKETS

POINT 2
しっかり伸ばすにはしっかり曲げる

筋肉や関節をしっかり伸ばすためには、しっかり曲げないといけない。とくに下半身に関して、バレーボール選手は膝関節ばかりを動かしがちだが、股関節、膝関節、足関節をすべてタイミングよく伸ばしたり、縮んだりできるようにしたい。さらに言えば、すばやくでもゆっくりでも、小さな力でもパワフルにでも、できるようにすることが理想だ。

必要なフィジカル③　可動性

体が柔らかくしなやかだと
パフォーマンスが上がる

一流選手は体が柔らかくしなやか

どの競技でも一流アスリートは、体が柔らかくしなやかに動くという共通点があります。柔軟性（＝可動性）が高いと、自分の力を最大限に発揮でき、パフォーマンスが上がります。逆に硬い体でプレーをすると、思わぬケガにつながります。

柔軟性は静的柔軟性と動的柔軟性に分けられ、体の柔らかさを表す静的柔軟性を高めるとケガの予防や疲労回復に、動きのしなやかさを表す動的柔軟性を高めると、競技力向上の効果が期待できます。関節や筋肉は全身やその部位を大きくゆっくり動かすことで、徐々に可動域が広がります。とくに硬い人は意識的に取り組みましょう。

POINT 1

力を最大限に
伝えやすい

たとえばスパイクは、ジャンプして空中でバランスを取りながら、体をひねり、腕を振り下ろす動作の中で、ボールにインパクトを与える。体の可動性が高いとひねりの動作も大きくなり、力を最大限に伝えやすくなる。これはどのポジションの選手でも、どのプレーにおいても同じことが言える。

©NEC REDROCKETS

POINT 2

ケガのリスクを
軽減できる

バレーボール選手に多いケガは、足関節捻挫、肩関節や膝関節、足首の痛みなど。ヒザのケガは女子選手に多い傾向がある。適度な可動性はリスクの少ない動きも可能にし、ケガをするリスクを軽減できる。

©NEC REDROCKETS

トレーニングの考え方

インプットと
アウトプットを別にする

複雑な処理を経て狙った出力を導く

トレーニングは、体を細かく分解し、それぞれを別々に鍛えて合体させる方法が一般的でしたが、それとは対照的な「インプット・プロセス・アウトプット」という考え方があります。プロセス（処理）の部分は、多くが現代の科学では解明されていないものの、たとえば足の裏の感覚を良くすることで、苦手なスクワットができるようになることがあります。だからこそ、体を使った巧みさなど、様々なエクササイズを行うことが多くのインプットにつながり、それは論理的な説明しきれない複雑なプロセスを経て、結果的にアウトプットに導くという効果を期待できます。

POINT 1
刺激した機能や部位が強化される

トレーニングでは、たとえば腹筋運動を行ったら腹筋の筋力がアップする、持久的な運動をしたら持久力がつくというように、刺激した機能や部位にだけ効果が現れる「特異性の原理」がある。アスリートが体を下肢の筋力や心肺機能などと分解し、別々に鍛えるのはそのためで、本書でもエクササイズによっては、狙った部位をピンポイントに強化しているエクササイズが少なくない。

POINT 2
体の外側に意識を向けさせる

指示（キュー）出しには、「インターナルキューイング」と「エクスターナルキューイング」という2つがある。たとえば「上腕二頭筋を収縮させて」と、体の内側に意識を向けさせるのがインターナルキューイングで、「手を肩の方に持ってきて」と体の外側に意識を向けさせるのがエクスターナルキューイングだ。エクスターナルキューイングの方が運動のパフォーマンスが上がると言われる。

アスリートが
トレーニングを行う目的

　バレーボール選手としてレベルアップを図りたいと考えたら、ボールを使った練習だけでは限界があります。自重、あるいはマシンなどを使ったトレーニングで、フィジカル強化を行っていかなければなりません。

　アスリートがトレーニングを行う目的は、大きく分けて2つあります。1つはスキルパフォーマンスのベースアップです。様々なエクササイズを通して、ジャンプ力やパワー、すばやく動いたり止まったりする敏捷性などが向上し、より力強いスパイクや堅いディフェンス、安定したフォームなどが可能になります。もう1つは、傷害の予防です。筋肉の強化や効率の良い動きが、ケガのしにくさにつながります。

　NECレッドロケッツも日々、ボール練習で個々の技術やチーム戦術を高める一方で、トレーニングの時間もしっかりと設けています。リーグが開催される秋から春にかけてのシーズンは週2回、夏場の鍛錬期を含めたシーズンオフになると、週3回程度、トレーニングを行います。1回あたりは1〜2時間で、ボール練習の後にトレーニングを行うこともあれば、午前と午後で1日2回をトレーニングにあてる日もあります。さらに自主練習のタイミングで行ったり、ウォーミングアップの一環として取り入れている選手もいます。

　NECレッドロケッツが長く国内トップレベルを維持できているのも、ボール練習だけでなく、トレーニングも大切にする伝統があるからだと言えます。

Part 2

可動性を引き出す
トレーニング

可動性を引き出すメリット

体を思い通りに動かせる
ように巧みさを出す

©NEC REDROCKETS

1つひとつの動きをパワフルに

　最近の建造物が耐震目的に揺れを吸収する構造になっているように、体も可動性を高めていくのが理想です。可動性とは、体を思い通りにしなやかに動かせる能力で、近年は「モビリティ」という言葉で注目されつつあります。混同しがちな柔軟性は可動性を構成する要素ですが、柔軟性が高いことだけでは必要な可動性があるとは限りません。具体的には、肩の安定性や体幹の安定性を高める、球関節である股関節をいろいろな方向に動かし、伸展や屈曲を出していくなどが狙いです。そうすることで1つひとつの動きをパワフルにし、すべてのプレーの質を上げていきます。

POINT 1

胸周りや肩甲骨周りを思い通りに動かす

「プレッツェル1.0」「トランクローテーション」「スクワット＆ウインドミル」は胸郭や胸椎を意識したエクササイズで、「肩甲骨ウォーク」と「スティック・ドリル」は肩甲骨周りを刺激する。上半身の可動性を高めて、プレーの質を上げたい。

POINT 2

股関節の可動性を広げることが大切

「ワールド・グレイテスト・ストレッチ」「フロッグ・ストレッチ」「オン・ザ・シュー・ロール」などは股関節をターゲットにしたエクササイズ。股関節は走る、跳ぶといった動きに欠かせない部位で、一流選手の多くは股関節を使うのが上手い。

プレッツェル1.0

胸郭を開いて
あらゆるプレーに生かす

1

仰向けで下半身をひねり
後ろ足をつかむ

仰向けなった状態から、下半身を右にひねり、約90度に曲げた左ヒザを右手で支えながら床につける。右脚は折り曲げ、左手でつかんだ足をお尻に近づける。

POINT
ゆっくり
呼吸しながら
肩を床に近づける
イメージ

2

目線を背中側に動かし
上半身を回旋させる

下半身はそのままの状態をキープし、目線をゆっくり左に向けるようにして、浮いている左肩を床に近づける。一気に持っていこうとせず、ゆっくり呼吸しながら。しっかりひねれていることを感じよう。左右を入れ替え、逆側も行う。

ひねって胸郭を開く

独特な結び目のパン「プレッツェル」のように、体をひねるトレーニングです。肋骨周辺の筋肉をアコーディオンのように引き伸ばし、ひねって胸郭を開きます。この動きによりレシーブ時やスパイク時の上半身の動きが良くなります。呼吸筋も広がり、心肺機能が上がる副次的効果もあります。

主な部位	腹筋群，背筋群
難易度	★
強度	1
回数目安	5〜8回×左右・1〜2セット

---

variation ▪▪▪ プレッツェル2.0

座った状態で胸郭をしっかり動かす

長座の姿勢から右脚を内側に、左脚を外側に、それぞれヒザを90度に曲げて床につける。そこから上半身を右側から後ろに向かってひねる。両手を床に置きながらゆっくりと。左右を入れ替え、逆側も行う。

POINT
体が硬い人は、できる範囲からでOK

トレーニング
02

Part 2 可動性を引き出すトレーニング

トランクローテーション

胸郭部の回旋動作で
スパイク力を高める

1

**横向きで寝て
上のヒザを曲げる**

横向きに寝て、両腕はまっすぐ前に伸ばして両手を合わせる。上側にある脚をつけ根とヒザがそれぞれ90度になるように曲げ、曲げたヒザを床につける。顔は指先に向けておく。

POINT

曲げたヒザを
床から
離さない

2

**脚は動かさずに
肩を開いていく**

下半身はそのままの状態をキープしながら、上側の手を大きな半円を描くように頭上を旋回させて、反対側に持っていく。顔も動かす手を追って逆側を向く。左右を入れ替えて、逆側も同様に行う。

レシーブに必要な回旋を出す

上半身を固定して「トランク（＝胴体）」をひねることで、胸郭部のストレッチになります。この柔軟性を高めて、スパイク時のスイングやレシーブ時に必要な回旋動作を出すことが狙いです。腕を広げて胸郭を開いたときに90度に曲げたヒザが浮かないように意識しましょう。

······ training data ······

主な部位	腹筋群，背筋群
難易度	★
強度	1
回数目安	5〜8回×左右・1〜2セット

variation ■-■	スコーピオン

体の背面にある筋肉をほぐす

トランクローテンションが体の前部のストレッチだったのに対して、「スコーピオン」は腹筋群や腰背部がストレッチされ、股関節をしっかり動かしたい目的としても行う。広背筋や腰方形筋も動員される。

1. うつぶせに寝て、両手を左右に大きく広げる。
2. そこから一方の脚を曲げて浮かせ、腰をひねりながら体の逆側に持っていく。このとき上半身は固定し、肩が浮かないように注意。左右を入れ替えて、逆側も同様に行う。

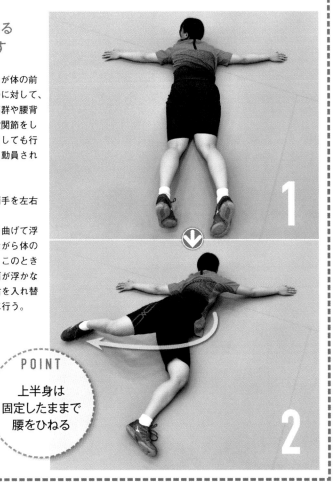

POINT

上半身は
固定したままで
腰をひねる

27

股関節や大腿部を刺激して柔軟性を高める

1 両手を床につけて両脚を前後に広げる

両手を肩幅よりやや広めに床につけ、両脚を前後に大きく開いていく。前足は両手の間あたりの位置に来るようにする。

POINT
勢いよく行うとケガをしやすいゆっくり行おう

2 股関節の中に上半身を埋め込む

腰をゆっくり深く落としていき、前のヒザを曲げて、上半身を股関節の中に埋め込む。左右の脚を入れ替え、逆側も行う。

股関節に刺激を入れる

その名称にふさわしく、バリエーションを含めれば、全身の筋肉や関節の柔軟性が高まります。ここでは、股関節からハムストリングにかけて刺激を入れる動きを紹介します。ウォーミングアップに最適です。

····· training data ·····

主な部位	ハムストリング, 殿筋群, 股関節周囲
難易度	★ ★
強度	2
回数目安	3〜5回×左右・1〜2セット

攻守において不可欠な
お尻をストレッチする

1

上体を前に倒して
お尻の筋肉を伸ばす

　床に座った状態から一方の脚を内側に曲げて、もう一方の脚を後ろに伸ばす。そこから背筋を伸ばしたまま、上体をゆっくり前に倒していく。両手を前方の床につけて行うと、お尻周りの伸びを感じやすい。胸と前脚のヒザがくっつくのが理想だ。左右の脚を入れ替え、逆側も行う。

POINT

刺激の狙い目は
前脚側のお尻。
伸びを感じよう

OTHER
ANGLE

プレーに不可欠なお尻の筋肉

　お尻の筋肉は、普段はなかなか意識しない部位である反面、走る、跳ぶといったプレー面に欠かせない役割があります。なかでも大臀筋や中臀筋は骨盤とリンクし、股関節や体幹の伸展動作と深く関わります。

····· training data ·····

主な部位	殿筋群
難易度	★ ★
強度	1
回数目安	10〜20秒×左右・1〜2セット

フロッグ・ストレッチ

股関節の可動性を高めて パフォーマンスを上げる

1 股を開くようにして 腰を深く落とす

四つんばいになって両ヒジを床につけ、ヒザを90度に保ったまま股を開いて、腰を落としていく。限界まで開いたところでストップ。

POINT
痛みを感じる
一歩手前で
動きを止める

2 胴体をお尻方向に ゆっくり引く

ヒジの位置は変えずに、胴体をお尻方向に移動させる。脚のつけ根や股関節周辺にさらに刺激が入っていることを感じる。

とくに重視したい股関節メニュー

　プレー中の動きのほとんどが伸展動作ですが、トレーニングで伸展ばかりを行うと、屈曲動作がしにくくなることがあります。速く大きな屈曲動作を身につけることで、スムーズな伸展動作に結びつけます。

---- training data ----

主な部位	股関節周囲
難易度	★ ★
強度	1
回数目安	10〜15回・1〜2セット

フル・スクワット

体の可動性を出して
機能的な動きを身につける

1

パートナーに両手を
支えてもらってスタート

スクワットは、しゃがんだときに後ろに倒れ
やすいため、あらかじめ前に伸ばした両手を
パートナーに支えてもらってから始める。

2

カカトを浮かせないように
ゆっくりしゃがむ

足を肩幅に開き、つま先をまっすぐ、または
少し開いた状態からゆっくりしゃがんでいく。
カカトは最後まで床につけたままで。

**カカトは床から
離れてはいけない**

NG

カカトをついてしゃがむ

フル・スクワットは、アジア人以外には
難しいカカトをついてしゃがむ動きです。
体の中心をわかりやすく捉えられ、足関節、
膝関節、股関節をフルで曲げることで、機
能的な動きができるようにします。

····· training data ·····

主な部位	足関節, 膝関節, 股関節, 骨盤周囲, 脊柱
難易度	★ ★ ★
強度	2
回数目安	5〜10回・1〜2セット

スクワット&ウインドミル

股関節とともに
胸椎の可動域を広げる

1

しゃがんだ体勢になり
両手でつま先をつかむ

両足を肩幅より広めに、つま先はやや開いて、スクワットが完了した、しゃがんだ体勢を作る。カカトは浮かさない。手は両脚の間から下ろしてつま先をつかむ。胸を張り、顔はまっすぐ正面に向ける。

POINT

つま先荷重に
ならないように
注意しよう

2

片方の腕を曲げずに
胸を中心にひねる

右手はつま先を持って胸を張ったまま、左腕を曲げずに左手を天井に向かって高く伸ばすように胸を中心にゆっくりひねる。肩甲骨を寄せて胸を開くイメージで。逆の腕でも同様に行う。

レシーブ動作が安定する

「ウインドミル」とは風車を意味し、ここでは胸椎の回旋動作を指します。これにより肩や胸椎の可動域が広がり、肩甲骨周りの安定性が向上するため、力が手までスムーズに伝わります。レシーブ動作で安定したポジションが取れたり、ジャンプ時に必要な可動性を確保できたりします。

..... training data .....

主な部位	足関節，膝関節，股関節，腹筋群，背筋群
難易度	★ ★ ★
強度	2
回数目安	8〜10回・1〜2セット

variation ▪■▪	コサックスクワット

球関節である股関節を全方向に動かす

手を組んでしゃがみ、足を交互に蹴り出すウクライナ伝統の踊り「コサックダンス」をモチーフにしたコサックスクワット。股関節のストレッチ効果が期待できるだけでなく、縦の動きが軸になるフル・スクワットに対し、横の動きが軸になるので、球関節である股関節を全方向に動かすことができる。

1. 両腕をまっすぐ前に伸ばし、両足は肩よりも広く広げる。
2. 片脚を伸ばしながら、反対側の脚に重心をかけて下へとしゃがんでいく。バランスを保ちながら、ゆっくり体を持ち上げ、1の体勢に戻り、逆側も同様に行う。

POINT
カカトは常に床につけて浮かせない

a

b

90／90ヒップジョイント

体幹と連動させながら
股関節を縦横に動かす

1
床に座って両脚を
内側と外側に曲げる

床に座り、片脚を内側に、もう片方の脚を外側に、いずれもヒザが90度になるように折り曲げる。胸を張り、その前で両手を組んでおく。

2
ヒザを浮かせて
逆脚側に重心移動

重心を外側に出していた方向にずらしながら両ヒザを浮かせていく。上半身はできるだけそのままの状態をキープする。

3
脚が入れ替わるように
下半身をスライドさせる

1で外側に出ていた脚が内側に、内側に曲げていた脚が外側に出るように下ろしていく。下ろし終わると、1とは90度向きが変わる。

POINT

両方のヒザをできるだけ90度にキープ

お尻の筋肉は様々な動きに直結

お尻には大臀筋や中臀筋といった筋肉があり、大臀筋は全身の推進力やジャンプ力を生み出し、中臀筋は骨盤と下半身をつなぐ役割を担っています。お尻の筋肉をしっかり使いこなせると、プレーの向上が期待でき、股関節周りを柔らかくしておくことで、ケガの防止にもつながります。

····· training data ·····

主な部位	股関節周囲
難易度	★
強度	1
回数目安	10〜16回・1〜2セット

---

variation ▪▪▪	# ヒップスラスト

ストレッチされた筋肉を活性化させる

90／90ヒップジョイントから両ヒザ立ちになることで、ストレッチされた筋肉を活性化させる狙いがある。メディシンボールなど重さのある物を抱えながら行うと、より大きな負荷がかかる。

1. 「90／90ヒップジョイント」の1と同じように、床に座り、片脚を内側に、もう片方の脚を外側に、いずれもヒザが90度になるように折り曲げる。胸を張り、その前で両手を組んでおく。
2. 重心を前に持っていきながら、両ヒザ立ちになるようにお尻を浮かせる。
3. ヒザ下の向きや位置はそのままで、両ヒザ立ちになる。左右の脚を入れ替え、逆向きでも同じように行う。

POINT
できるだけ背筋を伸ばしてゆっくり立つ

キャット＆ドッグ

背骨を動かせるようにし全身の動きを向上させる

1

肩の真下に手首を置き四つんばいになる

両手を肩幅ぐらいに開き、四つんばいの体勢を作る。肩の真下に手首が、股関節の真下にヒザが来るようにし、顔は真下の床に向けておく。

2

顔を上げながら背中を反らせる

顔をゆっくり上げながら背中を反らせていく。肩甲骨が中央に寄り、骨盤が前傾することを意識する。ヒジが曲がらないように注意する。

POINT

頭の動きと背中の動きをリンクさせる

3

顔を下げながら背中を丸める

顔を下げて両腕の間に入れながら背中を丸める。肩甲骨が離れ、骨盤が後傾していく動きを意識する。頭の動きを背中の動きとリンクさせる。

肩甲骨の動きが高まる

　動きが犬や猫の姿勢に似ていることから「キャット＆ドッグ」と呼ばれます。この運動により肩甲骨や骨盤、脊椎の一部にあたる胸椎の動きが良くなり、柔軟性が上がります。可動域の大きい部位の可動域増大の意識づけにもなります。バレーボール選手に多い腰痛の予防効果も期待できます。

variation ▦■▦	360°

背骨を大縄に見立ててぐるぐる回す

基本のキャット＆ドッグは、背中を反らせるか丸めるという動きだったが、そこに左右の動きも加える。上から見たときに背骨がCの字や逆Cの字になるように背骨を曲げる。背骨を大縄のようにぐるぐる回すイメージだ。

肩甲骨ウォーク

肩周りをスムーズにして
プレーの質を上げる

頭方向に進む

仰向けに寝た体勢で、
棒を持った両腕を真上に伸ばす

肩甲骨の動きだけで
体を頭の方向に移動させる

足方向に進む

頭方向に進むより難しい。
少しずつ進めればOK

上と同様の動きで、
体を足方向に移動させる

攻守両面で重要な肩甲骨

　肩甲骨は、バレーボールのあらゆるプレーに関わります。スパイクやサーブを打つのはもちろん、相手の攻撃の威力に負けず、腕を固定して構えられるかなど、ブロックやレシーブの守備の局面でも深く影響します。肩甲骨ウォークで肩周りをスムーズに使いこなせるようにしましょう。

····· training data ·····

主な部位	肩甲骨周囲
難易度	★ ★
強度	1
回数目安	3～6m・1～2セット

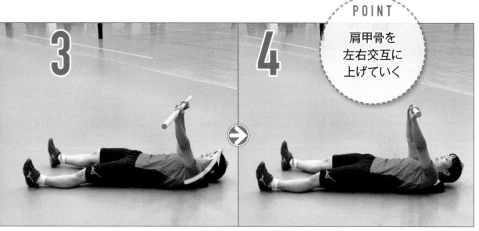

POINT
肩甲骨を
左右交互に
上げていく

足や腰を使わない。
あくまでも肩甲骨の動きで進む

これにより肩甲骨を
自在に動かせるようになる

---

variation ■■■　　　骨盤ウォーク

進行方向

骨盤を左右交互に動かし、まっすぐ前に進む

床の上に長座になり、両腕を真上に伸ばす

スティック・ドリル

棒を使ったストレッチで
効果的に刺激を入れる

肩抜き

両足を腰幅に開いて
立ち、肩幅より広め
に開いた位置で棒を
握る

腕を伸ばしたまま、
棒を腰から頭上に
上げる

側屈

両足を腰幅に開いて
立ち、肩幅より広め
に開いて握った棒を
頭上に上げる

上体が前傾や後傾
をしないように真
横に倒していく

しっかり握れる棒を使う

　家庭にある棒を使うと、様々なストレッチやトレーニングがより効果的になります。ここでは、肩甲骨の可動性を高める肩抜き、体側を伸ばす側屈、体幹を刺激する回旋を紹介します。棒がなければ、傘や細長く丸めた新聞紙やタオルでも代用できます。しっかり握れるものを使ってください。

····· training data ·····

主な部位	肩甲骨周囲
難易度	★ ★
強度	1
回数目安	10回・2〜3セット

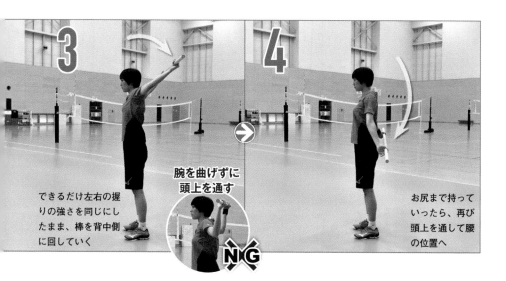

できるだけ左右の握りの強さを同じにしたまま、棒を背中側に回していく

腕を曲げずに頭上を通す

NG

お尻まで持っていったら、再び頭上を通して腰の位置へ

回旋

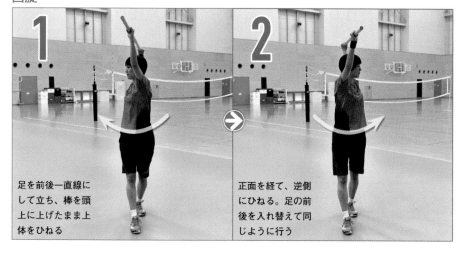

足を前後一直線にして立ち、棒を頭上に上げたまま上体をひねる

正面を経て、逆側にひねる。足の前後を入れ替えて同じように行う

スタンディング・ヒップ・ヒンジ

股関節の中心から
体を折り曲げる

1

両腕を前に伸ばして
リラックスして立つ

足を肩幅に開いて立ち、両腕をまっすぐ前に伸ばして手のひらを正面に向ける。腰あたりにあてたチューブをパートナーに後方で持って補助してもらう。

POINT

前に出した手を
遠くに伸ばす
イメージで

2

お尻を突き出すように
股関節で体を折る

背筋を伸ばしたまま、チューブで引っ張ってもらいながら、お尻を後ろに突き出していく。ヒザの位置はキープし、ハムストリングが軽く伸びていることを感じたら、ゆっくりと元に戻す。

ジャンプやレシーブに影響

ヒンジとは継ぎ目や蝶番を意味し、「ヒップ・ヒンジ」は股関節の中心から体を曲げ伸ばしするトレーニングを指します。お尻を中心に背中やハムストリングにも刺激が入ります。ヒップ・ヒンジの出来が、ジャンプやレシーブ、多くの下半身トレーニングに大きな影響をもたらします。

····· training data ·····

主な部位	股関節周囲
難易度	★ ★
強度	2
回数目安	10回・1〜2セット

variation ■ ■ ■ ウォール・ヒップ・ヒンジ

お尻を後ろの壁に押しつけるイメージ

パートナーやチューブなしで、1人で行うヒップ・ヒンジ。サポートがないので、動かしていい部位や動かしてはいけない部位を正しく把握しておかなければならない。

1. 壁の前に靴1足分ほどの隙間を空け、足を肩幅に開いて立つ。両腕はまっすぐ前に伸ばし、手のひらを正面に向ける。
2. 背筋を丸めないようにし、ヒザの位置をキープしたままで、お尻を後ろに突き出していく。お尻が壁につくあたりで、ハムストリングが軽く伸びていることを感じられたらOK。

POINT
手を伸ばしておくことでバランスが取れる

オン・ザ・シュー・ロール

股関節周りの筋肉を
刺激して柔軟性も上げる

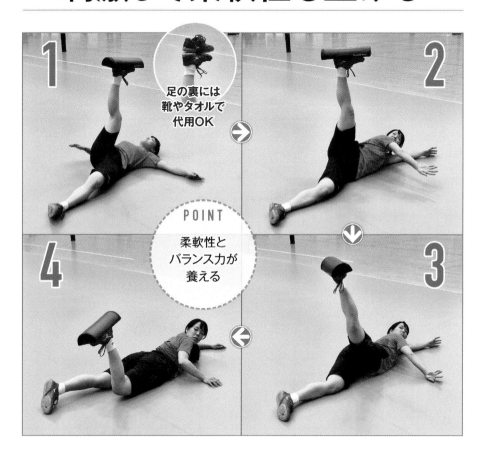

足の裏には
靴やタオルで
代用OK

POINT

柔軟性と
バランス力が
養える

足の裏を固定して体を回転

　片足の裏に乗せた物を落とさないように、仰向けからうつ伏せと体を回転させるトレーニングです。股関節周りの筋肉をたくさん使いながら柔軟性も高められるため、移動やジャンプの動きが向上します。

······ training data ······

主な部位	股関節周囲
難易度	★ ★ ★
強度	2
回数目安	5〜8回×左右・1〜2セット

Part 3

しなやかな
上半身をつくる

上半身をしなやかにするメリット

ジャンプやスパイクなど
動きのベースとなる背筋

©NEC REDROCKETS

背中は多くの動きのベースになる

　上半身の中でも背中をとくに強化したいのは、背中はいろいろな動きのベースになることが多いからです。ジャンプでもスパイクで上体を回旋させて溜めを作る局面でも、すべて背中の筋が関わってきます。また、肩は安定したポジションを維持できるかがポイントで、スパイクやサーブではそこを支点に腕を振っていくことになるため、肩甲骨とどう連動するかが重要です。本書では、「フィジカルトレーニングの5～6割を脚、2～3割を背中、残りは背中を除く上半身」と上半身をやや少なめの割合を推奨していますが、背中や肩、腕もしっかり強化していきましょう。

POINT 1

腕に頼らず
広背筋で引く

　「チューブ・ラット・プルダウン」「ベントオーバー・チューブ・ロー」「チンニング」は、とくに背中に特化したエクササイズ。腕の力に頼ってしまいがちだが、しっかりと広背筋を使いたい。ダイナミック、かつパワフルなスパイクを身につけるために、「広背筋で引く」というイメージで取り組もう。

POINT 2

肩のポジションを
安定させる

　「ショルダー・プレス」「ベアー」「ハイプランク・ショルダータップ」といったエクササイズで、肩の安定性を図る。スパイク、ブロック、トスなど、バレーボールでは肩を酷使するプレーが多く、その分、肩を痛めるリスクも高い。そうした故障は肩のポジションを安定させることで防げるケースが少なくない。

チューブ・ラット・プルダウン

背中の広背筋を鍛えて力強いスパイクを打つ

1

うつ伏せになってチューブを握る

両足を腰幅より広めに開き、うつ伏せになって寝る。パートナーに中央を持ってもらったチューブの両端をしっかり握り、肩から腕にかけての部分を床からやや浮かせたところからスタートする。

> POINT
>
> できるだけ反動を使わないようにする

2

肩甲骨を寄せるようにチューブを引く

ヒジから手にかけての前腕を床と水平に保ったまま、チューブを自分の方に引き寄せる。胸を張ったまま、肩甲骨が中央に寄っていることを意識する。いったん静止し、ゆっくり1に戻す。

動きの起点となる広背筋

チューブを頭上から引くトレーニングで、ここではパートナーにチューブを持ってもらって行います。ここで意識したい背中を覆う広背筋は、動きの起点となり、推進力に直結するので、スパイクやオーバーハンドパスの力強さが増します。また、空中でボディバランスを保ちやすくなります。

······ training data ······

主な部位	広背筋, 僧帽筋, 大円筋, 菱形筋
難易度	★
強度	2
回数目安	15回・2〜3セット

variation ■ ■ ■　ベントオーバー

お尻を突き出す体勢で
チューブを引き寄せる

立った状態で、上体を折り曲げて行うチューブ・ラット・プルダウンのバリエーション。「ベントオーバー・オルタネイト」は、チューブを左右交互に引く。このとき、お尻を突き出しヒザをつま先を同じ方向に向ける。

POINT
背中とチューブが
一直線になる
ようにする

variation ■ ■ ■ ベントオーバー・オルタネイト

チューブ・シーティッド・ロー

長座の体勢で上半身を より集中的に鍛える

1

両腕と脚を伸ばし 手の甲は上に向ける

長座の体勢で座る。パートナーに中央を持ってもらったチューブの両端をしっかり握り、腕をまっすぐ前に伸ばしたところからスタートする。

2

引いた後は 手の甲が外側を向く

脇を閉めたまま、肩甲骨を中央に寄せるようなイメージでチューブを手前に引く。上体は動かさないように注意しよう。

POINT

上体を反らせた勢いで引こうとしない

背中を丸めたり 反らせて引かない

背中を丸めて、あるいは後ろに反らせて引こうとしない。上体はまっすぐ、体幹が入った状態で行う

腰痛予防にも効果的

　長座の体勢で、上体を起こしてチューブを手前に引っ張るトレーニングです。対象となる筋肉は、チューブ・ラット・プルダウンと同じく背中を覆う広背筋ですが、座って行うため、より上半身だけを集中的に鍛えられます。姿勢も整い、腰痛の軽減や予防にもなります。

····· training data ·····

主な部位	広背筋, 僧帽筋, 大円筋, 菱形筋
難易度	★
強度	2
回数目安	15回・2〜3セット

---

variation ▪ ▪ オルタネイト・チューブ・シーティッド・ロー

スイングを意識して左右交互に引く

オルタネイトとは「交互に」を意味し、チューブを引く動作を両手同時にではなく、左右交互に行う。両手で引くときとは体幹の入り方が微妙に変わってくる。サーブ時やスパイク時のバックスイングの動作に近い。

1. チューブ・シーティド・ローと同様、両腕と両脚をまっすぐ伸ばした体勢で座り、パートナーに中央を持ってもらったチューブの両端をしっかり握る。
2. 左手はそのままで、右側のチューブだけを手前に引く。
3. 右側の引いたチューブを最初の位置に戻しながら、左側のチューブを手前に引く。2と3の動きを繰り返す。

POINT
できるだけ
上半身を
回旋させない

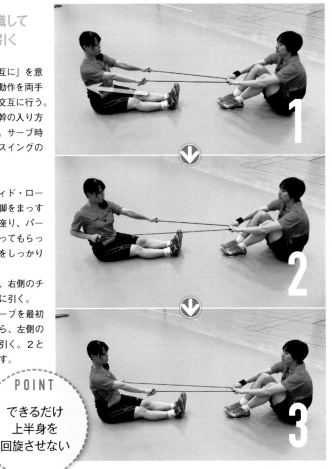

51

ベントオーバー・チューブ・ロー

広背筋を鍛えて
ダイナミックな動きを生む

1

上体を前傾させて腕を伸ばして下に

両足を腰幅ぐらいに開いて立ち、背筋を伸ばしたまま、お尻を突き出すように上体を前傾させる。両腕を真下に伸ばし、両端を持ったチューブの中央を両足で踏んだ体勢からスタートする。

POINT

股関節で
バランスを
取る

2

息を吐きながら引き上げる

脚や上体、顔の向きをそのままキープしながら、チューブを上まで引き上げる。左右の肩甲骨を中央に寄せるイメージで。呼吸は引き上げるときに息を吐き、戻すときに吸う。

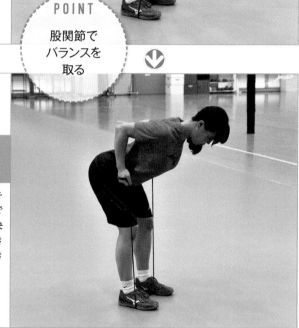

下半身を安定させる

立った状態で、お尻を突き出すようにして上体を折り曲げ、チューブを下から引き上げるトレーニングです。P42のスタンディング・ヒップ・ヒンジのように下半身を安定させて、広背筋を鍛える他のトレーニングのための土台作りが狙いです。お尻とハムストリングを動員して体を支えます。

····· training data ·····

主な部位	広背筋, 僧帽筋, 大殿筋, ハムストリング
難易度	★ ★
強度	3
回数目安	12回・2～3セット

variation ■ ベントオーバー・オルタネイト・チューブ・ロー

上体をひねらず左右交互に引き上げる

ベントオーバー・チューブ・ローのような体勢から、チューブを両手同時ではなく、左右交互に引き上げる。上体をできるだけひねらないようにする。

1. ベントオーバー・チューブ・ローの最初の姿勢を作り、左手はそのままキープしながら、右手だけ骨盤あたりの高さまで引き上げる。
2. 右側の引いたチューブを最初の位置に戻しながら、骨盤あたりの高さまで引き上げる。1と2の動きを繰り返す。

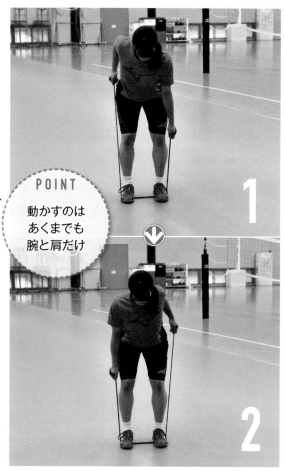

POINT
動かすのはあくまでも腕と肩だけ

1

2

スプリットスタンス・チューブ・ロー

股関節で支えながら引き肩周りの安定性を高める

1
脚を前後に大きく開きスプリットスタンスを作る

脚を前後に大きく開き、股関節にしっかり乗るようなイメージで腰を落とす。片腕を前に伸ばし、チューブの端をしっかり握る。

2
片手でチューブを手前に引いていく

チューブを握っているのは、後ろ足側の手で、もう一方の手は体側に。床と水平になるようにチューブを手前に引いていく。

POINT

しっかり土台を作って引っ張る

3
脇を閉めたままおへそあたりまで引く

体勢を崩さないように、チューブをおへそとみぞおちの中間あたりまで引く。いったん静止し、1の体勢に戻す。手足の左右を入れ替えて同様に行う。

バランスの中心を片足で取る

　脚を前後に大きく開いて、腰を落としたスプリットスタンスで、前から自分の方にチューブを引きます。スプリットスタンスか否かは、バランスの中心を片足で取るのか、両足で取るかの違いがあり、このトレーニングでは脚を前後に開いた状態の股関節で支えることを目的にしています。

····· training data ·····

主な部位	広背筋，僧帽筋，大殿筋，ハムストリング
難易度	★ ★
強度	3
回数目安	8回×左右・2〜3セット

variation ■ ■ スプリット・チューブ・ロー・ニーアップ

体幹部と下半身をつなぐ

スプリットスタンスのベントオーバー・チューブ・ローの姿勢を作り、チューブを手前に引きながら片足立ちになる。体幹部と下半身の連鎖をスムーズにさせるのが狙い。背中の筋と下半身の筋を連動させて使う。

1. スプリットスタンス・チューブ・ローのスタンス姿勢を作る。
2. チューブを手前に引くと同時に、前脚で床をプッシュし後ろ脚を引き上げる。
3. 前脚の一本足でまっすぐ立ち、前に運んできた後ろ脚は太ももが床と水平の高さに上げる。

POINT
手と足の動きが
同時に止まるのが
望ましい

チンニング

懸垂運動で背中を鍛え
スパイクの威力アップ

1

チューブに足を乗せて
低い負荷で行う

筋力不足で懸垂が1回もできないという人は少なくない。まずはバーに結んだチューブに足を乗せて低い負荷で行っていく。

2

鍛えたい部位を意識し
体を持ち上げる

鍛えたい部位に負荷が掛かっていることを意識しながら、できるだけアゴがバーより上に来るところまで体を持ち上げる。

POINT
体を上げるときは
息をゆっくり
吐きながら

肩甲骨を閉めて体を引き上げる

懸垂運動を意味する「チンニング」では、背中で最も大きい筋肉の広背筋を鍛えることができます。肩甲骨を閉める意識で体を引き上げるのがポイントで、腕の力に頼らないようにしましょう。広背筋が鍛えられると、腕を振る力が増し、スパイクやサーブの威力がアップします。

······ t r a i n i n g   d a t a ······

主な部位	広背筋, 僧帽筋, 大円筋, 菱形筋
難易度	★
強度	2〜3
回数目安	3〜5回・2〜3セット

---

variation ■ ■ ■	**フィニッシュキープ**

高負荷のチンニングに
チャレンジ

下は難易度が上がるチンニングのバリエーション。「フィニッシュキープ」は、アゴがバーの上に来るまで体を上げたら、そこで少しキープする。「90／90」は、脚のつけ根とヒザを90度に曲げた状態で体を持ち上げる。

variation ■ ■ ■	**90／90**

キープ！

POINT
反動や勢いを
できるだけ
つけない

ショルダー・プレス

三角筋を鍛えて
酷使しやすい肩を強化

1
上腕が床と
水平になるように

腰幅に開いた両足でチューブを踏んで押さえる。上腕が床と水平に、前腕が床と垂直になるようにヒジを曲げ、チューブを握る。

2
両手をまっすぐ
真上に上げる

チューブを握った手が肩の真上に来るようにヒジをまっすぐ伸ばす。伸ばし切ったらいったん静止し、1の姿勢に戻す。

> POINT
> 自分の身長が
> 伸びていく
> イメージで

N✕G

**チューブを握った手は
まっすぐ真上に上げる**

スタートはヒジを90度に曲げる。腕を伸ばしたとき、大きく広げたり、後ろ側に反らせたりしない

肩は故障しやすい部位

チューブを握った両手を頭上に向かって伸ばしていくことで、肩甲骨と腕をつないでいる三角筋を鍛えることができます。スパイクやサーブ、ブロックなど、腕を高く上げることが多いバレーボールでは、肩は酷使され故障しやすい部位のひとつです。しっかり鍛えておきましょう。

······ training data ······

主な部位	三角筋，上腕三頭筋，僧帽筋
難易度	★
強度	2
回数目安	15回・2〜3セット

---

variation ■■ オルタネイト・ショルダー・プレス

真上に上げる腕は
常に真上にまっすぐに

「オルタネイト・ショルダー・プレス」は、ショルダー・プレスを片手ずつ交互に行う。「ワンハンド・ニーキープ」は、片足だけ踏んだチューブを片手で握り、手を真上に上げると同時に逆側のヒザを上げる。

POINT

背中が
丸まらないように
意識する

variation ■■ ワンハンド・ニーアップ

ベアー／ハンド・レッグ・リリース

肩のポジションを安定させ スムーズなプレーにつなげる

ベアー

ベアーの姿勢づくり

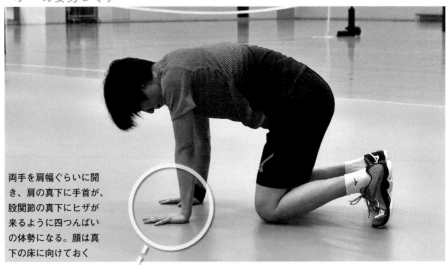

両手を肩幅ぐらいに開き、肩の真下に手首が、股関節の真下にヒザが来るように四つんばいの体勢になる。顔は真下の床に向けておく

手の荷重のかけ方

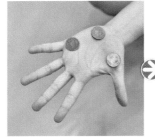 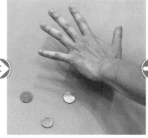 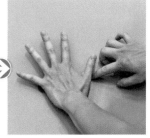

手のつけ根、親指のつけ根、小指のつけ根の3ヶ所に重心が来るようにしたい

床にコインなどを置き、その上に3ヶ所が当たるように手を持っていく

両手の荷重の位置が無意識にわかってきたらコインを使わなくてもOK

四つんばいでヒザを浮かせる

熊のように四つんばいの姿勢から、手足を浮かせたり、歩いたりするトレーニングです。肩を安定したポジションにし、肩と体幹を連動させることが狙いです。重要なのは、床につける手の荷重のかけ方。手脚の連動性も高まり、あらゆるプレーで動きがスムーズかつすばやくなります。

主な部位	全身
難易度	★ ☆ ☆
強度	2
回数目安	5回×左右・2〜3セット

2
片手や片足を浮かせる

片手や片足を浮かせたり、左右対称の手足を浮かせたりする。体勢を大きく崩さないようにうまくバランスを取ろう。

1
四つんばいで両ヒザを浮かせる

四つんばいになって両ヒザを浮かせた体勢からスタート。頭を下げたり、背中を丸めたりせず、肩甲骨を入れた状態をキープする。

POINT
床にある手は荷重ポイントを意識し続ける

variation ■■■ **ウォーク**

ベアーの基本姿勢から前や後ろに歩く

ベアー→クラブ

肩の安定性を向上させ しなやかな動きをつくる

POINT

ベアーよりも
肩がさらに
大きく動く

1 2

四つんばいで両ヒザを浮かせたベアーの基本姿勢
を作る。手の荷重ポイントも意識

左手を浮かせてから、右足を左足の内側に持って
いく。右手と左足でうまくバランスを取る

variation ■■■ **ダイアゴナル・キャット**

1 2

お腹を上に向けて
両手足を床につけ、
腰を浮かせる

ベアーから反転して仰向けに

ベアーの基本姿勢から腰を床につけないように反転し、カニのような仰向けの体勢になるトレーニングです。バリエーションでは、腰を浮かせて上体を一直線にし、片腕を頭の方にまっすぐ伸ばします。体幹と肩の安定性向上が目的で、あらゆるプレーで安定したフォームにつながります。

主な部位	全身
難易度	★ ★
強度	2
回数目安	5回×左右・2〜3セット

> **POINT**
> 余裕があれば
> カニからベアー
> にも反転する

お尻を床につけないように反転して
仰向けになる

左手と右足を床につけ、カニの体勢に。手足の
左右を入れ替え、逆回転でもチャレンジしよう

腰を浮かせ、片腕を真上
から頭方向に伸ばし、上
体を反らせる

ハイプランク・ショルダータップ

体幹強化でプレー中の 体のブレを抑える

1
後頭部からカカトまでが 一直線になるように

肩幅ぐらいに開いた両手と両足（つま先）を床に つき、ヒジを伸ばして4点で体を支える。後頭部 からカカトまでが一直線になるように。

2
片手を浮かせて 逆側の肩に触れる

左手を床から離し、右肩に触れる。全身がぐらつ かないように、床についている3点でしっかりバ ランスを取る。

3
体勢を崩さないように しっかりバランスを取る

1の姿勢に戻ってから、逆の手でも同様に行う。 右手を床から離し、左肩に触れる。

POINT
手を浮かせても 頭からカカトの 一直線をキープ

腕立て姿勢からスタート

腕立て伏せのスタート姿勢から始めるトレーニングが「ハイプランク」です。体幹や腕といった上半身が鍛えられ、多少乱れたレシーブをトスしたり、乱れたトスをスパイクしなければならない場面で、体のブレを抑えて処理できるようになります。頭からカカトまでを一直線にキープします。

⋯⋯ training data ⋯⋯

主な部位	肩周囲の筋を中心とした全身
難易度	★
強度	2
回数目安	5回×左右・2〜3セット

variation ■·■	ウインドミル

指先を遠くに
天井に向けて伸ばす

ハイプランク・ショルダータップの最初の体勢から、片腕を浮かせて真上に伸ばす。このとき、指先が遠くに伸びている意識で、顔も指先に向ける。これにより体幹だけでなく、肩や胸の周辺にも刺激が入る。

POINT

指先を伸ばす
意識が
動作ポイント

NG

**お尻が浮いては
効果が得られない**

お尻が浮いてしまうと、正しく刺激が入らない。後頭部からカカトまでは常に一直線に保つ

ハイプランク・トゥタップ

肩をより安定させて
フォームの安定を目指す

1
後頭部からカカトまでが
一直線になるように

腕立て伏せのスタート姿勢を作る。両手と両足は肩幅ぐらいに開き、後頭部からカカトまでが一直線になるように体を支える。

2
お尻を持ち上げて
手を足の方に寄せる

手を片方ずつ交互に足の方に寄せていく。背筋とヒザは伸ばしたままで、お尻を持ち上げていく。横から見て、逆Vの字になるように。

> **POINT**
> 背筋とヒザを
> 曲げないで
> 手を伸ばす

3
片手を伸ばして
逆側の足を触る

大きく開いた片手で体を支えながら、もう一方の手で逆の足を触りに行く。逆の手でも同様に行う。

肩を動かしてお尻を持ち上げる

　腕立て伏せのスタート姿勢を作り、両手を足の方に移動させて、片手で足を触るトレーニングです。P64のハイプランク・ショルダータップと併用すると肩のポジションがより安定します。強いサーブやスパイクが打て、ブロックやレシーブでは腕が弾かれずにフォームが安定します。

····· training data ·····

主な部位	肩周囲の筋を中心とした全身
難易度	★ ★
強度	3
回数目安	5回×左右・2〜3セット

---

variation ▪■■	**トゥタップ・リーチ**

より大きな負荷で体幹の安定も図る

ハイプランク・トゥタップからさらにもう1つ動きを加えたトレーニング。足を触った方の手をそのまままっすぐ前に伸ばす。床につけている方の手は一度、足の方に近づけているため、体を支えるにはより大きな負荷がかかっている。

1. 腕立て姿勢から両手を足に近づけていき、逆V字の体勢を作ったところで片手で逆側の足に触る。
2. その手を床につけずに前に持っていく。全身がぶれないようにバランスを取る。
3. 手をまっすぐ前方に伸ばす。できるだけ遠くに伸ばすことで肩甲骨も刺激される。

POINT

床につく手が下がったため負荷が大きい

67

プッシュアップ

バレーボール選手に 不可欠な腕立て伏せ

1

両手と両足の 4点で体を支える

両手を肩幅よりやや広めに開き、中指がまっすぐ前を向くようにヒジを伸ばして床につく。両脚を伸ばし、両手と両足（つま先）の4点で体を支える。このとき後頭部からカカトまでが一直線になるようにキープする。

POINT

肩の真下に 手首が来る ようにする

2

体を下ろして静止し 最初の姿勢に戻す

ヒジを曲げ、胸が床につく直前まで体を下ろす。いったん静止した後、両手で床を押して体を押し上げ、1の姿勢に戻る。体は常にまっすぐに保ち、背筋を丸めたり、お尻が上がったりしないように注意しよう。

スパイクの威力がアップする

腕立て伏せの名称で知られ、肩の安定性を保ったまま腕の曲げ伸ばしを行います。胸部を覆う大胸筋や上腕の筋力も鍛えられ、背筋や腹筋、体幹にも刺激が入ります。これによりスパイクの威力アップや、ブロック時の安定感が身につきます。バレーボール選手には欠かせないトレーニングです。

······ training data ······

主な部位	大胸筋，上腕三頭筋，前鋸筋
難易度	★ ★
強度	2
回数目安	10回・2〜3セット

---

variation ■-■	ボックス

負荷を上げれば
ハードな腕立てに

通常のプッシュアップで物足りなければ、より高い負荷で行おう。「ボックス」は足の位置を高くするやり方で、「チューブ・レジスト」はチューブを背中側にあて、両手で押さえるやり方。どちらも難易度が高くなる。

POINT

両手の幅を
変えても
負荷が変わる

---

variation ■-■	チューブ・レジスト

Part 3 しなやかな上半身をつくる

プッシュアップ・ラテラルローテーション

より高い負荷をかけて 強いスパイクを打つ

両手を肩幅よりやや広めに開き、両手と両足で
体を支える。後頭部からカカトまでを一直線に

片方の手に胸を近づけるように重心を寄せながら、
胸が床につく直前まで体を下ろす

---

variation ■・■ **プッシュアップ・ローテーション**

通常のプッシュアップより両手を
やや足の方に近づけて構える

ヒジを曲げ、胸が床につく直前まで
体を下ろし、いったん静止

片側ずつさらに負荷をかける

通常のプッシュアップと比べ、片側ずつにはなりますが、重りなどを使わずにさらに負荷をかけることができます。「ラテラル」とは、「横の、側面の」を意味し、上体を下ろした際に片側に重心を乗せます。左右のどちらかにとくに刺激を入れたいときなどにも有効なトレーニングです。

····· training data ·····

主な部位	大胸筋，上腕三頭筋，前鋸筋
難易度	★ ★ ★
強度	4
回数目安	5回×左右・2〜3セット

POINT
後頭部から
カカトまでは
常に一直線

体を下ろしたまま、重心をもう片方の腕側に寄せる。胸が水平に移動するイメージ

重心が乗っている腕にとくに力を込めて、体を押し上げ、1の体勢に戻す

重心を足に寄せながらお尻から先に持ち上げる

両腕を伸ばし切ったら、1の体勢に戻る

プッシュアップ・ニートゥーエルボー

上半身と股関節の連動性を高める

1

スタートの姿勢は通常のプッシュアップ

通常のプッシュアップと同じスタート姿勢を作る。両手を肩幅よりやや広めに開き、両脚を伸ばして両手と両足の4点で体を支える。

POINT

背筋は終始まっすぐにキープする

2

体を下ろすとともにヒザをヒジに近づける

腕を曲げて体を下ろしながら、片方の脚を折り曲げ、外側に開いていく。手と足で踏ん張り、頭からカカトまでを一直線に保つ。

3

曲げた脚のヒザをヒジに近づける

ヒジを曲げ、胸が床につく直前まで体を下ろす。曲げた脚はヒザがヒジに近づくのが理想。いったん静止し、1の体勢に戻る。逆脚も同様に。

多くの部位をまとめて鍛える

　大胸筋や上腕を鍛える通常のプッシュアップに下半身の動きを加え、体幹や股関節周りにも刺激が入ります。1つの種目で多くの部位を鍛えられます。スパイクやサーブの威力アップ、ブロックやレシーブのフォームの安定、力強いオーバーハンドパスなど、あらゆるプレーに生きてきます。

····· training data ·····

主な部位	大胸筋，上腕三頭筋，前鋸筋，腸腰筋，殿筋群
難易度	★ ★ ★
強度	4
回数目安	5回×左右・2〜3セット

variation ■ ■ ■	クライマー

力強さだけでなく体幹の安定性向上

プッシュアップのスタート姿勢から、左右の脚を交互に折り曲げ、胸の方へ引きつけるトレーニング。全身を支える腕や脚、お尻や腹筋周りが鍛えられるだけでなく、脚の動きをすばやく動かすことで、体幹にも刺激が入り安定性が高まる。

1. 肩幅ぐらいに開いた両手と両足（つま先）を床につき、ヒジを伸ばして4点で体を支える。
2. 片脚をまっすぐ折り曲げて、ヒザを胸の方へ引きつける。いったん静止し、折り曲げた足を伸ばして元の体勢に。
3. 逆の脚を同じように折り曲げ、いったん静止した後、元に戻す。2と3の動きを繰り返す。

POINT
できるだけ
お尻が
浮かないように
意識する

スパイダー

四肢を巧みに使い 全身をコントロールする

進行方向

1　2

両手と両足を広めに開いて、ヒザは
浮かせたまま4点で体を支える

左手を前に出したら、次は右足を右手に
近づけるように大きく踏み出す

---

variation ▪ ▪ ▪　　スパイダー・バック

進行方向

1　2

最初の姿勢は同じ

片脚を後方に大きく引く

クモのように前後に進む

両手と両足で体を支えながら、クモのように低い姿勢で進んでいくトレーニングです。腕や肩甲骨周り、体幹、脚や股関節周りなど、全身を鍛えられる他、各関節の可動性や柔軟性も高められます。自分の動きを把握しながら、安定させたい部位と可動させたい部位を意識して行いましょう。

····· training data ·····

主な部位	全身
難易度	★ ★ ☆
強度	2
回数目安	9m・2〜3セット

POINT

手の指を
大きく広げると
安定感が増す

左脚のヒザを少し曲げて、そちら側に
重心を移動させていく

右手を前に出し、次は左足を大きく踏み出す。
1〜4の動きを繰り返して前進する

手も後ろに引いて後ろに進む

体をうまくコントロールする意識が必要

しゃくとり虫の動きで身体能力をアップ

1 リラックスした直立姿勢になる

2 できるだけヒザを曲げずに前屈する

3 ヒザをつけずに手を左右交互にできるだけ前に

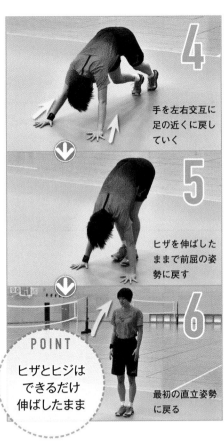

4 手を左右交互に足の近くに戻していく

5 ヒザを伸ばしたままで前屈の姿勢に戻す

6 最初の直立姿勢に戻る

POINT
ヒザとヒジはできるだけ伸ばしたまま

筋力や柔軟性が向上

　しゃくとり虫を意味する「インチワーム」は、直立姿勢から前屈を経て、両手と両足だけで支えながら体を倒し、再び直立姿勢に戻します。各局面で様々な部位を刺激し、筋力や柔軟性アップにつながります。

····· training data ·····

主な部位	肩周囲の筋とコアを中心とした全身
難易度	★ ★
強度	3
回数目安	9m・2〜3セット

Part 4

パワーを生み出す
土台をつくる

下半身を強化するメリット

「レシーブは脚から」という
くらい下半身強化は重要

©NEC REDROCKETS

3つの関節をタイミング良く伸ばす

バレーボールは基本的には手や腕でボールを扱う競技です。ところが、「レシーブは脚から」「脚を動かす」などと表現されることが多いように重要なのは脚で、フィジカルトレーニングでも最も時間を割きたいのが下半身です。目指す最終ゴールは、きちんと踏ん張った状態から、股関節、膝関節、足関節をすべて使って、タイミング良く伸ばすようにすること。さらにそれがどんな方向にも、どんなスピードでもできるのが理想です。本書で紹介しているエクササイズも、重心移動が入ったり、別の動きが加わったりしますが、ほとんどすべてがそこに行きつきます。

POINT 1
スピードに
変化をつけて行う

「スクワット」「スプリット・スクワット」「ロード＆リフト」などは、すべて股関節、膝関節、足関節をタイミング良く伸ばせるようにするエクササイズ。このパートで紹介している各種エクササイズは、「ロープ・ダブルレッグ」以外はすばやく、あるいはゆっくりなどスピードに変化をつける工夫も加えたい。

POINT 2
ラントレで
パワフルな下半身を！

持久性を高めるため、心肺機能を鍛えるためにラントレーニングを行うチームは多い。走る動作は、脚が左右交互に動かされ、股関節の伸展と屈曲がタイミング良く行われないとスピードが出ない。そうしたステップワークを磨くためにも、ダッシュなどのシンプルなラントレーニングを取り入れるのも有効だ。

スクワット

下半身を鍛えて
ジャンプ力を上げる

1

足裏の3点荷重を
意識しながら立つ

両足を腰幅よりやや広めに開き、母指球、小指のつけ根、カカトの3点に均等に重心を乗せるように意識し、背筋を伸ばして立つ。

POINT

どのポジションでも
3点同じ割合での
荷重を感じよう

2

カカトを浮かせずに
腰を落としていく

足の裏の母指球、小指のつけ根、カカトの3点荷重を意識しながら腰を落としていき、太ももが床と水平になったところで静止。

NG

背筋は終始伸ばしたままで、背中を丸めない。曲げたヒザが極端に内側や外側を向かないようにする

下半身強化の定番メニュー

　ヒザを屈伸させるスクワットは、下半身強化の代表的なトレーニングでバリエーションも豊富にあります。大腿四頭筋やハムストリングといった太ももとお尻などの筋肉、さらに体幹を鍛えられ、1人でどこでもできるのが特徴です。ジャンプ力やダッシュ力の向上が期待できます。

······ training data ······

主な部位	大殿筋, ハムストリング, 大腿四頭筋
難易度	★
強度	2
回数目安	15回・2～3セット

---

variation ■■■	ノン・ロック

立ったときに ヒザを伸ばし切らない

　関節を伸ばし切らないトレーニング方法を「ノン・ロック」という。通常のスクワットでは、立ったときに大腿部などの筋肉が緩むが、ノン・ロックで行うと筋肉の緊張が保たれ、より大きな刺激を与えることができる。

POINT

大腿部とお尻が緊張している状態を感じる

1. スタート姿勢からヒザを少し曲げ、上体をやや前傾させる。
2. 腰を落とす流れは、通常のスクワットと同じでOK。
3. 立ち上がるとき、ヒザを伸ばし切らず、1の体勢で止める。

スプリット・スクワット

ブレの少ない
フォームが身につく

1

両手を腰に当て
片脚を後ろに引く

スクワットのスタート姿勢を作り、片方の脚や上体はそのままにして、もう片方の脚を後ろに引く。両手は腰に当てる。

2

足裏の3点荷重を意識し
腰を真下に落とす

前足の母指球、小指のつけ根、カカトの足裏3点を意識し、腰を真下に落とす。背筋は伸ばしたままで、バランスを崩さないように。

POINT

重心が前脚に
乗っているのを
意識する

NG

前すぎる荷重では狙った効果を得られない。曲げたヒザは内側や外側を向かないように

脚を前後に開くスクワット

脚を前後に開いて行うスクワットです。前脚に重心をかけるため、片脚ずつに通常のスクワット以上の負荷をかけられます。また、バランスを崩さないように体幹が使われるので、体の安定性がアップします。あらゆるプレーで、ブレの少ない安定したフォームが身につきやすくなります。

····· training data ·····

主な部位	大殿筋，ハムストリング，大腿四頭筋
難易度	★
強度	3
回数目安	8回×左右・2〜3セット

variation ■■ ブルガリアン・スクワット

トップ選手も多用する高負荷のエクササイズ

動き自体はスプリット・スクワットに近いが、引いた足を台やイスなどに乗せて行うため、重心がより前脚に集中する。したがってスプリット・スクワット以上に、片方の脚に負荷がかかる。

1. 両手を腰に当てて、スプリット・スクワットのスタート姿勢のように片方の脚を後ろに引く。引いた後ろ足は台やイスなどに乗せる。

2. 足裏の3点荷重を意識し、背筋は伸ばしたまま、腰を落としていく。前荷重になりすぎたり、ヒザを内側や外側に向けたりしない。

POINT
反動をつけずにゆっくりと腰を真下に落とす

片脚スクワットで ハイレベルを志向する

1 片脚を曲げて 一本の脚で立つ

両手を腰に当てて立ち、片脚を曲げて浮かせる。ここでふらついてしまう人は、最初のうちは横に置いたイスの背もたれに手を置いたり、パートナーに支えてもらったりして、補助つきで行うようにしよう。

POINT
できるだけ
体がふらつかない
ようにしよう

2 上体を前傾させて ゆっくり腰を落とす

足裏の3点荷重を意識しながら片足を浮かせたまま、立っている方の脚をゆっくり曲げて腰を下ろしていく。上体を前傾させることでバランスが取れる。骨盤が開いたり、体幹が回ったり、背中が丸まったりしないように注意する。

難易度の高いスクワット

　片脚ずつ立って行うスクワットです。いろいろな方法があるスクワットの中でも、難易度が高いエクササイズの１つと言えるでしょう。P82のスプリット・スクワット以上にバランス感覚も求められます。より高いレベルのプレイヤーを目指したいなら、ぜひ取り入れたいトレーニングです。

⋯⋯ training data ⋯⋯

主な部位	大殿筋, 中殿筋, ハムストリング, 大腿四頭筋, 体幹部
難易度	★ ★ ★
強度	4
回数目安	8回×左右・2〜3セット

variation ■■ タッチダウン・スクワット

台上に片足で立ち カカトから下ろす

台などの上から浮いた片脚を下ろすように行う片脚スクワット。膝関節と股関節をタイミングよく使えるため、シングルレッグ・スクワットがスムーズにできないときの導入段階として取り組むのも効果的だ。

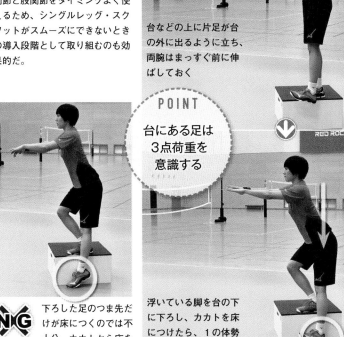

台などの上に片足が台の外に出るように立ち、両腕はまっすぐ前に伸ばしておく

POINT
台にある足は
3点荷重を
意識する

浮いている脚を台の下に下ろし、カカトを床につけたら、1の体勢に戻る

NG 下ろした足のつま先だけが床につくのでは不十分。カカトから床を迎えに行く

オーバーヘッド・スクワット

下半身強化とともに 体幹も鍛えられる

1 両足を腰幅ぐらいに開いて立ち、棒を持った両手を頭上に

2

POINT
顔を上げて視線を正面に向けておく

大腿部が床と平行になるまで腰を落としていく

N✕G

背中が丸まらないように意識する。両手で持った棒は常に頭の真上にキープする

体の軸をチェックできる

　棒などを頭上に持ち上げた状態で行うスクワットです。姿勢を保つためにバランスを保たなくてはならないため、より負荷の高い体幹強化につながります。体の軸ができているかのチェックにもなります。

······ training data ······

主な部位	全身
難易度	★ ★ ★
強度	3
回数目安	12回・2〜3セット

ドロップ・スクワット

すばやくしゃがむ動きで 瞬発力を身につける

1 両手を胸の前に持っていき、リラックスして立つ

2 できるだけ一瞬で手を後ろに伸ばし、腰を落とす

3 目指す姿勢は、ジャンプ時の準備動作（＝ハーフスクワット）

4 1に戻るときはゆっくりでよい

瞬発力や連動性も養う

「ドロップ」とは落ちることを意味し、通常のスクワットで浅めに腰を落とすまでの動きをすばやく行います。下半身強化はもちろん、瞬発力や、手足のリンクを意識することで四肢の連動性が養われます。

····· t r a i n i n g　d a t a ·····

主な部位	大殿筋, ハムストリング, 大腿四頭筋, 体幹部
難易度	★ ★
強度	2
回数目安	5〜10回・2〜3セット

力士が四股を踏むように
股関節の柔軟性を出す

1

上下動

つま先を外に向けて 両足を大きく広げる

両足を腰幅の1.5倍ほどの広さに大きく開き、リラックスして立つ。つま先を軽く外側に向けておく。両手の位置はとくに決めないが、ここでは胸の前で合わせておく。

2

上体をキープしながら 腰をゆっくり落とす

重心を真下に下ろすイメージで、ゆっくりヒザや股関節を曲げて腰を落としていく。最大限に深く腰を落としたらいったん静止し、再び1の姿勢にゆっくり戻る。顔は正面を向けたままで。

POINT

内転筋が伸びているのを感じ取ろう

腰をより深く落とす

力士が四股踏みの流れで行うように、両足を大きく開いて立ち、腰を深く落としていきます。これにより股関節の柔軟性を高められ、プレーの質や各エクササイズの効果向上が期待できます。また、太ももの内側と骨盤をつなぐ内転筋群も鍛えられます。

····· training data ·····

主な部位	大殿筋，ハムストリング，大腿四頭筋，内転筋群
難易度	★ ☆ ☆
強度	2～3
回数目安	10回・2～3セット

variation ■■■ 内外旋

スモウ・スクワットに様々な動きを加える

スモウ・スクワットのやり方で、太ももが床と平行になるぐらいの高さに腰を落とす。「内外旋」は、そこから片方の脚を内側に折り曲げる。「前後動」は、その体勢をキープしながら前や後ろに移動する。いずれも背筋を伸ばし、上体が大きくぶれないようにする。

POINT

内側のヒザもできるだけ90度に保つ

variation ■■■ 前後動

バック・ランジ

重心移動でお尻を鍛え
ストップ動作を向上させる

1

リラックスして立ち
両手は腰に当てる

正面を向き、両足をそろえてリラックスして立つ。手は前方や頭上に伸ばしておくと大きな負荷がかかるが、ここでは腰に当てておく。

2

片脚を後ろに引き
腰を落としていく

片脚を浮かせて後ろに引くとともに、立っている方の脚のヒザを少しずつ曲げ、腰を下ろしていく。

POINT

上半身は
前傾させず
まっすぐで

3

足裏3点荷重を意識し
股関節に体重を乗せる

前足の母指球、小指のつけ根、カカトの足裏3点を意識し、股関節に体重が乗るように腰を真下に落とす。いったん静止し、1の姿勢に戻る。

お尻周りの筋肉に刺激

　ランジは、足を開いた姿勢から股関節や膝関節の曲げ伸ばしを行うエクササイズです。主にその場で上下動するスクワット系エクササイズと異なり、前後への重心移動が伴います。お尻周りの筋肉が刺激され、実戦面では脚の荷重を受け止め、急なストップ動作などで効果が発揮されます。

····· training data ·····

主な部位	大殿筋, 中殿筋, ハムストリング, 大腿四頭筋
難易度	★ ☆ ☆
強度	3
回数目安	8回×左右・2～3セット

---

variation ▪■▪ # フロント・ランジ

前に大きく踏み出して　重心を真下に下ろす

片脚を後ろに引いて、腰を落としたバック・ランジに対し、片脚を前に大きく踏み出してから腰を落とす。スタート姿勢と腰を落とした体勢は変わらないが、バック・ランジよりも大腿四頭筋やハムストリングが刺激される。

1. 両足をそろえて立つのは、バック・ランジと同じ。正面を向き、両手を腰に当てる。
2. 片脚を浮かせて前に踏み出すとともに、立っている方の脚のヒザを少しずつ曲げ、腰を下ろしていく。
3. 両ヒザが90度に曲がるくらいまで腰を落とし、いったん静止したら、ゆっくり立ち上がって1の姿勢に戻る。

POINT

臀部に刺激が入っているのを感じよう

トレーニング

36

Part 4 パワーを生み出す土台をつくる

ラテラル・スクワット

レシーブ時の横の
動きにキレを出す

1

つま先を前に向けて
両足を大きく広げる

両足を腰幅の1.5倍ほどの広さに
大きく開き、リラックスして立つ。
ヒザとつま先はできるだけ正面に
向ける（難しければ、つま先は少
し外を向けてもOK）。両手の位
置は自由だが、ここでは腰に当て
ておく。

2

片脚に重心を乗せて
ヒザを曲げていく

片脚を伸ばしたまま、もう片方の
脚のカカトに重心を乗せ、ヒザを
曲げていく。お尻を後ろに突き出
すように。上体は多少前傾させ
てよいが、背中を丸めない。臀部
に刺激を感じたら1の姿勢に戻り、
反対側も同様に行う。

POINT

両足のカカトは
最後まで
浮かせない

ストップ動作を磨く

横方向に重心を移動させてからヒザを曲げるエクササイズで、お尻周りの筋肉が鍛えられます。P82のスプリット・スクワットの横バージョンで、横移動のストップ動作が磨かれるので、とくにレシーブやブロックの局面が多いリベロやミドルブロッカーは積極的に取り組んでください。

······ training data ······

主な部位	大殿筋, 中殿筋, ハムストリング, 大腿四頭筋
難易度	★ ☆ ☆ ☆
強度	2
回数目安	8回×左右・2〜3セット

variation ■-■	サイド・ランジ

横移動で踏ん張る筋力を強化する

ラテラル・スクワットと比較すると、1歩分、横に踏み出す動作が加わるため、ラテラル・スクワットよりも大きな負荷をかけることができる。

1. 正面を向いて両手を腰に当て、両足をそろえてリラックスして立つ。
2. つま先を正面に向けたままで、片方の脚を真横に大きく開く。足の幅は腰幅の1.5倍ほどの広さになるように。
3. 横に踏み出した方の脚のヒザを曲げていく。ヒザはつま先と同じ向きにして行う。逆側も同じように行う。

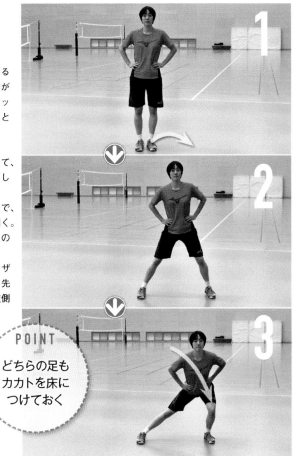

POINT

どちらの足もカカトを床につけておく

37

ロープ・ダブルレッグ

腱を鍛えて
バネの能力を高める

1

適度な長さのなわで
脇を閉めて跳ぶ

跳ぶときに適度な長さのなわを用意し、一般的な前回しで跳んでいく。上腕を体につけるイメージで、脇を閉めて行う。

POINT

一定のリズムとテンポで連続して跳ぶ

2

つま先で床を蹴って
真上に跳び上がる

両足をそろえたままつま先で床を蹴って、真上に跳び上がる。胸のあたりから体を引き上げるようなイメージで。

3

同じ場所に着地し
跳ぶたびに移動しない

できるだけ同じ場所に着地する。体が傾いたり、重心が左右均等でなかったりすると、跳ぶたびに前後左右へ動いてしまう。

ジャンプに直結するなわとび

いわゆる「なわとび」で、下半身を中心にバネを鍛えられます。それらは、とくにバレーボールで欠かせないジャンプの動きに直結し、跳躍力が増したり、空中でのバランスが良くなったりします。また、継続して行うことで心肺機能が向上し、持久力アップにもつながります。

····· training data ·····

主な部位	下腿三頭筋
難易度	★
強度	2
回数目安	30～40秒・2～3セット

---

variation ■■■ ロープ・シングルレッグ

片脚なわとびで高い負荷をかける

片方の脚のヒザを曲げて足を浮かせ、立っている一本の脚だけで行うなわとび。床についている脚には、両足で跳ぶとき以上に大きな負荷がかかる。下半身の筋肉だけでなく、バランス感覚も磨くことができる。

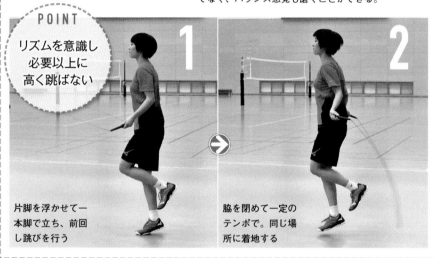

POINT
リズムを意識し
必要以上に
高く跳ばない

1
片脚を浮かせて一本脚で立ち、前回し跳びを行う

2
脇を閉めて一定のテンポで。同じ場所に着地する

NG

接地時間は短くする

1回ずつの接地時間が長く、ベタっとカカトが床につくのはNG。ヒザも股関節も曲がって、バネが鍛えられない

トレーニング
38

Part 4 パワーを生み出す土台をつくる

ラテラル・キープ

ブロックやレシーブで
鋭い1歩目を踏み出す

1

壁に対して横向きで
重心を低く落とす

両足を腰幅よりやや広めに開き、壁に対して横向きに立つ。少しヒザを曲げて重心を落とすとともに、壁側の腕を床と水平に伸ばして強く押す。壁に対しての力と床に対しての力が均等になっているようにする。

POINT
壁と逆のお尻が
緊張している
のを感じる

2

壁を強く押しながら
壁側の足を浮かせる

壁側の足を浮かせて、その体勢をキープする。このとき壁を押している腕の力が緩まないように、また、骨盤が大きく上下動しないように意識する。逆側の手足でも同じように行う。

横移動のアクセル強化

　壁の横に立ち、片手で壁を押しながら、逆側のお尻で床を捉える、横移動の導入エクササイズです。ブロックやレシーブで横移動する際、1歩目を鋭く蹴り出せるようにするのが狙いです。P92のラテラル・スクワットをブレーキ強化とすると、ラテラル・キープはアクセル強化になります。

variation ■■■ ラテラル・スクワット

外側の脚をグンと伸ばして出力する

実際に蹴り出す動きを加えたラテラル・キープのバリエーション。蹴る位置を体で覚えたラテラル・キープから発展し、外側の脚をグンと伸ばすことで出力する。

1. ラテラル・キープのように壁側の足を浮かせるが、いったんもう一方の脚に重心を乗せる。
2. 外側の脚を床を押すイメージで伸ばし、体を壁に向かうように斜め上方向に持ち上げる。
3. 外側の膝関節と股関節を伸展させる。壁側の脚はヒザが上がる。

POINT
上体を壁側にひねらないように意識する

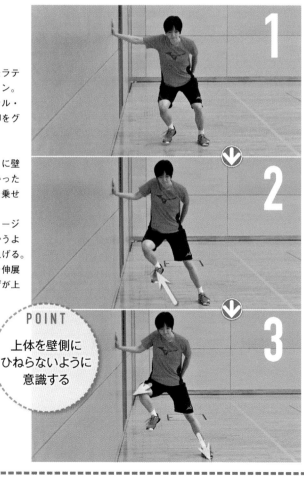

トレーニング **39**

Part 4 パワーを生み出す土台をつくる

ダブルレッグ・ロード&リフト

股関節の推進力を鍛えて
ジャンプ動作につなげる

1

壁に両手をつけて
重心を低く下ろす

壁の前に立ち、腕を伸ばして胸の高さで両手を壁につける。そこから背筋を伸ばしたまま、スクワット姿勢のように腰を落とす。

2

頭を壁に近づけて
一気に全身を伸ばす

すばやくヒザを伸ばすとともにカカトを浮かせ、頭が壁に近づくように全身を伸ばす。耳、肩、腰、ヒザ、足首が一直線になるように伸ばす。

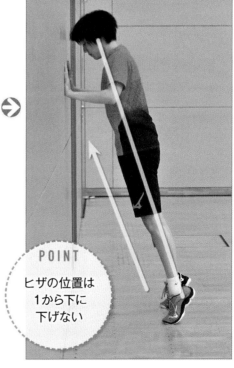

POINT

ヒザの位置は
1から下に
下げない

スプリント動作の準備

　股関節の推進力を鍛えるエクササイズです。横移動だったラテラル・キープに対して、ロード＆リフトは前方移動になります。スプリント動作に近いシングルレッグの前に、両脚で行う準備動作です。プレーに直結するというより、ジャンプ時の助走など片脚での推進力が上がります。

····· training data ·····

主な部位	大殿筋，ハムストリング，大腿四頭筋，体幹部
難易度	★ ★ ☆
強度	3
回数目安	5〜10回・2〜3セット

variation ■■ シングルレッグ・ロード＆リフト

**股関節から始動させて
片脚を振り上げる**

ランジのような動きから片脚を引き上げるトレーニング。太ももやお尻周りの筋肉に刺激を入れるとともに、脚の振り上げ動作を鍛えるのが狙いだ。振り上げる脚は、ヒザではなく股関節から最短距離で動かす。

3 頭が壁に近づくように全身を伸ばし、引き上げた脚のヒザも高く上げる

2 曲げている脚を伸ばしながら、後ろの脚を股関節始動で引き上げる

POINT
引き上げる脚は
股関節から
動かす

1 両手を壁につき、片脚を浮かせて後ろに伸ばし、立っている脚を曲げて重心を落とす

99

エクスチェンジ

すばやい脚の切り替えで俊敏な動きにつなげる

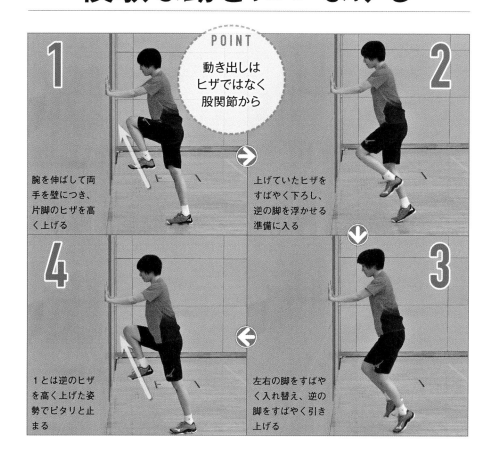

1

POINT

動き出しは
ヒザではなく
股関節から

腕を伸ばして両手を壁につき、片脚のヒザを高く上げる

2

上げていたヒザをすばやく下ろし、逆の脚を浮かせる準備に入る

3

左右の脚をすばやく入れ替え、逆の脚をすばやく引き上げる

4

1とは逆のヒザを高く上げた姿勢でピタリと止まる

スプリント動作に近づける

　シングルレッグ・ロード＆リフトのフィニッシュ姿勢から逆脚にすばやく移行します。これを繰り返すことでスプリント動作になります。このとき、背筋が丸まったり、反ったりしないように意識しましょう。

······ training data ······

主な部位	大殿筋, ハムストリング, 大腿四頭筋, 体幹部
難易度	★ ★
強度	3
回数目安	12回・2〜3セット

Part 5

安定した
プレーを生む
体幹トレーニング

体幹を強化するメリット

下半身と上半身のつながりを持たせる役割が体幹部

©NEC REDROCKETS

プレーをやり切る体幹を身につける

体幹は、下半身のパワーを上半身に伝えたり、たとえばスパイクのスイング時に上体のひねりを末端の腕に伝えたりする際、つながりを持たせる役割が大きい部位です。そういう意味では、上半身や下半身のエクササイズを重りを持ちながら行うことでも、十分に鍛えられる面はありますが、腹筋群や背中をしっかり意識するためにも「体幹」としてのパートを設けています。可動性があった上で、安定性も磨かれると、ブロックで左右に振られたり、体勢を崩した中でのトスアップや乱れたトスを打つスパイクでも、体幹の粘りを生かしてプレーを最後までやり切ることができます。

POINT 1

実際のプレーを
イメージしながら

「ツイスト・シットアップ」や「トール・ニーイング・トランク・カール」は、実際のプレーにより近い動き。正しい動きを意識しつつ、スパイクやサーブ、ブロックなどのプレーをイメージしながら行うと、より大きな効果が得られる。

POINT 2

パロフ・プレスで
ひねる動きに耐える

オーソドックスに力を入れて曲げることはできるが、外力に対してねじられないようにする動きはあまり意識されない。そこで「パロフ・プレス」のようなひねる動きに耐えるエクササイズが重要になるため、「スタンディング・パロフ・プレス」やバリエーションなど、比較的多めに紹介している。

FINAL

Vシットアップ

強い体幹を身につけ力強さを手に入れる

1 バンザイをしながら仰向けに寝る

仰向けに寝て、両腕はバンザイをするように頭上に伸ばす。2の動きに入る直前、腹筋に力を入れてカカトを少し浮かせる。

2 脚と上体を起こして指先でつま先に触れる

ヒザを伸ばしたまま股関節を支点に脚を起こすとともに、上体も起き上がって指先でつま先に触れる。1のカカトを浮かせた体勢に戻る。

POINT

下半身と上半身を同時に起こす

手から、または足から迎えに行かない

手から足を迎えに行ったり、足を手に寄せていったりしない。脚と上体を同じタイミングで起こす

腹筋群強化のトレーニング

腹直筋や腹斜筋、腸腰筋といった腹筋群を鍛えるトレーニングです。上半身と下半身を同じタイミングで起こすため、やや難易度が高く、強度も強めになります。強いスパイクを打つ、空中でバランスを取る、体勢が乱れてもしっかり次のプレーにつなげるなどの場面で生かされます。

····· training data ·····

主な部位	腹直筋
難易度	★
強度	2
回数目安	12回・1〜2セット

---

variation ■■■ Vシットアップ・ダイアゴナル

ひねる動作を加えて スパイク動作を強化

仰向けになり、片方の腕と逆側の脚を同時に起こす。体にひねる動きが入るため、スパイク動作の強化につながる。

1. 仰向けに寝て、両腕はバンザイをするように頭上に伸ばす。
2. 片脚をヒザを伸ばしたまま股関節を支点に起こし、逆側の腕と上体も起こして、指先でつま先に触れる。
3. 1の体勢に戻ってから、逆側の手脚でも同じように行う。

POINT

おへその真上で
つま先にふれる
イメージで

トランク・カール

腹筋から体幹を強化して
プレーに安定感を出す

1

ヒザを曲げて
仰向けになって寝る

仰向けになって寝て、カカトを床につけたまま両ヒザを曲げて立て、足全体を床につける。腹筋に意識を集中させたいため、手を後頭部や頭上に置かず、両腕は胸の前でクロスさせて固定しておく。

POINT

息を吐きながら
起き上がると
効果的！

2

上体を丸めながら
頭から順番に起こす

頭、肩、背中と順番に、上体を丸めながらゆっくり起こしていく。目線は自分のおへそを見るように。肩甲骨が浮くぐらいの高さまで持ち上げたら、いったん静止し、ゆっくり1の体勢に戻る。

全プレイヤーに通ずる体幹強化

　腹直筋を中心とした腹筋群を刺激でき、体幹を強化できます。体幹の安定はどのポジションのプレイヤーにとっても不可欠です。また、すべてのプレーで求められる正確性や、スパイク、サーブなどで磨きたい力強さでも重要になってきます。積極的に取り入れたいトレーニングの1つです。

主な部位	腹直筋
難易度	★
強度	2
回数目安	12〜15回・1〜2セット

---

variation ▪▪ トール・ニーイング・トランク・カール

サーブやブロックで効果を発揮する

　チューブを使用し、パートナーと2人1組で行う。後方から引っ張られるチューブを前に引くことで前面の筋肉が刺激され、より動きの巧みさが磨かれる。サーブやブロックの動きに近い。

1. 両ヒザを床につけて立ち、両腕をまっすぐ真上に上げる。パートナーに両端を持ってもらったチューブを手のひらに引っ掛ける。

2. 手を前に倒しながら上体もゆっくりと前に曲げていく。上腕は常に耳についているのが望ましい。ある程度まで倒したらいったん静止し、1の体勢にゆっくり戻す。

POINT
頭、肩、背中と順番に上体を丸めていく

ツイスト・シットアップ

スパイクやサーブの動きを
イメージしながら取り組む

1

上体をひねるように
仰向けになって寝る

仰向けになって寝て、片腕を頭の斜め上に伸ばし、顔をその手に向ける。もう一方の腕で顔を覆いながら、頭上に伸ばした腕の手首をつかむ。

2

上体を起こしながら
手を体の反対側に

伸ばした腕を体の反対側に持っていくように、上体をゆっくり起こしていく。脚は固定したままで、浮かせたりしない。

POINT

スパイクの動きを
イメージしながら
行うと効果的

3

上体をひねって起こし
腹斜筋を刺激する

手を腰の横まで持っていく。スタート姿勢とは逆側の脇腹に刺激が入っていることを感じよう。

上体をひねる腹筋運動

　一般的な腹筋運動を上体をひねりながら行うトレーニングで、腹筋群のなかでも脇腹あたりにある腹斜筋を鍛えることができます。腹斜筋は主に体幹部の回旋動作や屈曲動作に関わるので、サーブやスパイクの動きに直結します。利き腕側はもちろん、逆側もしっかり行いましょう。

····· t r a i n i n g   d a t a ·····

主な部位	腹直筋，腹斜筋
難易度	★
強度	3
回数目安	8回×左右・1〜2セット

variation ■ ■ スプリットスタンス・ツイスト・シットアップ

両ヒザ立ちで上体を力強くひねる

チューブを使用し、パートナーと2人1組で行う。ツイスト・シットアップと比べると、より動きの巧みさが磨かれる。トランク・カールなどと比べて、腹斜筋に刺激が入る。

1. 両ヒザを90度くらいにして片ヒザ立ちになり、片腕を伸ばして頭上に上げる。パートナーに端を持ってもらったチューブを上げた手のひらで引っ掛ける。もう片方の手は、逆側の脇腹に当てておく。
2. 上げている腕を倒して体の反対側に持っていく。
3. 手を太ももの横まで持っていく。上体がしっかりひねられていることを感じる。

POINT

利き腕ではない方の腕も同様に行う

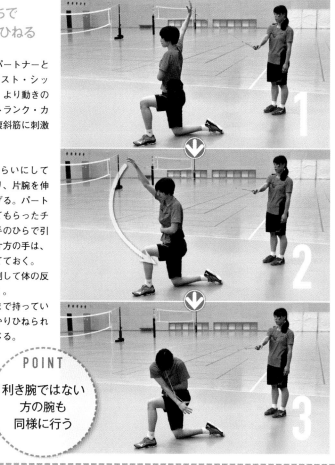

109

パロフ・プレス

トスやブロックで
体がブレないようにする

1

仰向けで足を浮かせ
チューブを胸の前に

仰向けになって寝て、つけ根とヒザがそれぞれ90度になるように脚を折り曲げて浮かせる。肩の横あたりでパートナーが床に押さえつけているチューブを引っ張って、胸の前あたりで両手で握る。すでに横方向から負荷がかかっている。

POINT

手を上げるときは
息をゆっくり
吐きながら

2

横の負荷に負けずに
チューブを上げる

負荷に負けないように、チューブを握った両手を真上に上げる。いったん静止し、1の体勢に戻る。手が体から離れるほど、体幹にかかるひねりの負荷が高くなる。パートナーに移動してもらい、逆側も同じように行う。

ひねる動きに耐える

　スパイクやサーブ以外にも、乱れたボールのトスや体の外で処理するレシーブなど、プレー中は体をひねる場面が多々あります。体幹の回旋という、ひねる動きに耐えるトレーニングが「パロフ・プレス」です。ここでは仰向けで足を浮かせて行うので、腹筋群の強化も同時に行えます。

...... t r a i n i n g d a t a ......

主な部位	腹斜筋
難易度	★ ☆ ☆
強度	1
回数目安	8回×左右・1〜2セット

variation ■ ■ ■ パロフ・プレス・プルオーバー

握ったチューブを
天井方向から頭上へ

　パロフ・プレスの動きに、天井方向に高く上げた両手を頭上に持っていく動きも加える。こうすることで腹筋群のより広い範囲に刺激が入り、ひねりに対する耐力も大きくなる。静止する時間を長くするのも効果的だ。

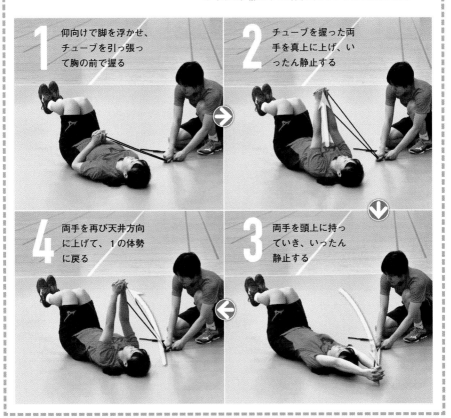

1 仰向けで脚を浮かせ、チューブを引っ張って胸の前で握る

2 チューブを握った両手を真上に上げ、いったん静止する

3 両手を頭上に持っていき、いったん静止する

4 両手を再び天井方向に上げて、1の体勢に戻る

Part 5 安定したプレーを生む体幹トレーニング

トレーニング 45 スタンディング・パロフ・プレス

抗回旋力を高めて トスの安定性を向上させる

1

重心を低くして立ち 両腕を前に伸ばす

腰幅よりやや広めのスタンスで立ち、少しだけヒザを曲げて重心を低くする。真横に立ったパートナーが持つチューブを両手で握り、腕をまっすぐ前に伸ばす。すでに横方向から負荷がかかっている。

POINT

両脚で踏ん張り
体幹部と協調
させる

2

真横からのチューブを 手前に引き寄せる

チューブを握った両手を胸の方へ引き寄せる。いったん静止し、1の体勢に戻る。パートナーに反対側に移動してもらい、逆側からの負荷に対しても同じように行う。

脇腹のインナーマッスル強化

P110のパロフ・プレスを立った状態で行います。仰向けで足を浮かせて行うわけではないので、両脚で踏ん張って体幹と協調させることが最も重要な目的になります。ひねる動きに耐えることで、ブロック時やセットアップの際に上体がねじれてしまわないようにします。

····· training data ·····

主な部位	腹斜筋
難易度	★ ★
強度	1
回数目安	8回×左右・1～2セット

variation ■ ■ スプリット・パロフ・プレス

体勢を変えて行い
刺激する場所を変える

「スプリット・パロフ・プレス」は、足を前後に開いて重心を落とした体勢で行うパロフ・プレスで、両ヒザ立ちの体勢から行うのが「トール・ニーイング・パロフ・プレス」。刺激が入る部位が微妙に変わってくる。

variation ■ ■ トール・ニーイング・パロフ・プレス

POINT
反対側からの
負荷でも
同様に行う

ツイスト・レッグレイズ

体幹を安定させる腹筋を全体的に強化する

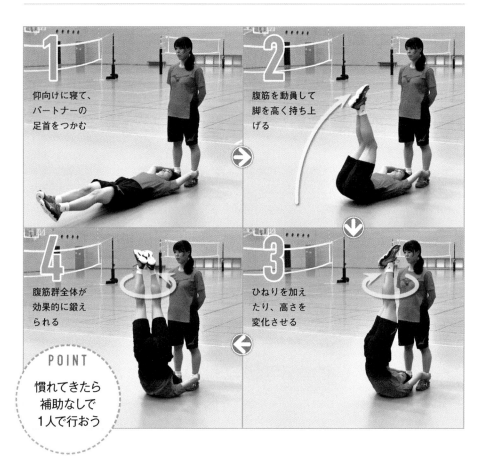

1 仰向けに寝て、パートナーの足首をつかむ

2 腹筋を動員して脚を高く持ち上げる

4 腹筋群全体が効果的に鍛えられる

3 ひねりを加えたり、高さを変化させる

POINT
慣れてきたら補助なしで1人で行おう

足は終始浮かせたままで

　仰向けになって寝て、両脚を高く上げ、最初の体勢に戻るまでの動きを繰り返します。両足はそろえたままで、終始浮かせておきます。いろいろな高さや角度に持ち上げることで、腹筋群全体を鍛えられます。

······ training data ······

主な部位	腹直筋，腹斜筋
難易度	★
強度	3
回数目安	8回・1〜2セット

トレーニング 47

Part 5 安定したプレーを生む体幹トレーニング

ブリッジ

全身にアプローチして筋力や柔軟性を高める

1　仰向けに寝て、ヒザを曲げ、両手のひらを頭の近くで床につける

2　両手両足で体を支え、横から見て半円形になるように腰を持ち上げる

片脚を伸ばして全身をストレッチ

ブリッジの体勢から、片脚を浮かせて前方に伸ばす。これによって腹筋にさらに刺激が入るとともに、全身のストレッチ効果も期待できる。伸ばしたときにできるだけ全身がブレないようにしたい。

POINT

腹筋を伸ばすように脚を浮かせる

3　片脚を浮かせて前方に伸ばす。逆脚も同様に

体のゆがみも改善

仰向けの状態から両手両足で体を支え、胴体を持ち上げます。全身にアプローチできるので、体幹が向上するだけでなく、体を支える腕や肩の筋肉も同時に鍛えられます。さらに柔軟性もアップします。

····· training data ·····

主な部位	腹直筋, 脊柱起立筋群
難易度	★ ★
強度	2
回数目安	5回・1〜2セット

115

ゆりかご

全身をゆったり揺らして制御する力を養う

ゆりかごのように体をゆっくり揺らす

背中を伸ばしながら腹筋を鍛えられる。リズムよく動きを繰り返すためにコツをつかみたい。脚を高く上げない方が強度が高くなる。

1. 仰向けに寝て、腕を伸ばし、両手を頭上で重ねる。上体を起こし、両脚も伸ばしたまま浮かせる。
2. 上体を寝かせるとともに、両足を少し上げる。
3. 両足を下げるとともに、上体を起こす。2と3の動きを繰り返す。カカトは常に浮かせたままで。

POINT

背中を丸めてスムーズに転がるように

体の動きを巧みにする

　全身をゆりかごのように揺らして、腹直筋を中心に腹筋群を刺激します。筋力を高めるだけでなく、体の動きの巧みさや制御する力を養います。腰骨が当たって痛い場合は、クッションなどを敷きましょう。

······ t r a i n i n g d a t a ······

主な部位	腹直筋
難易度	★ ★
強度	2
回数目安	15～20秒・1～2回

バック・エクステンション

背筋を強化することで
フォームが安定する

1

うつ伏せで寝て
両手は後頭部へ

足を腰幅よりやや広く開き、うつ伏せになって寝る。両手を後頭部に乗せて組む。

POINT

あごではなく
胸から起こす
イメージで

2

足を浮かせずに
上体を起こす

足を浮かせないようにしながら上体を起こす。できるだけ高くまで上げたらいったん静止し、1の体勢に戻る。この動きを繰り返す。

フォームの安定につながる

　うつ伏せに寝た状態から上体を起こすトレーニングです。骨盤から頭蓋骨にかけて背中を覆う脊柱起立筋など、いわゆる背筋を鍛えられます。脊柱起立筋は姿勢の維持や上体を反らす動きに関わります。

····· training data ·····

主な部位	脊柱起立筋群
難易度	★
強度	2
回数目安	12〜15回・1〜2セット

トレーニング 50

Part 5 安定したプレーを生む体幹トレーニング

ソフトロール

体勢を崩したなかでも
安定したプレーを目指す

上部を先に回転させて
後から下部がついてくる

体幹だけを使って体を回転させる。
うつ伏せの体勢から逆回りで仰向
けになる動きにもチャレンジしよ
う。

1. 両腕を頭上に伸ばし、全身の
   力を抜いて、仰向けになって
   寝る。
2. 届くか届かない位置にあるも
   のをつかむイメージで、右手
   を左側の遠くに伸ばす。
3. 骨盤の右側を浮かせるように
   して、右脚を体の左側に運ぶ。
4. 体を回転させてうつ伏せにな
   る。逆回りも同じように行う。

POINT
手や足に
力を入れずに
体幹だけで回る

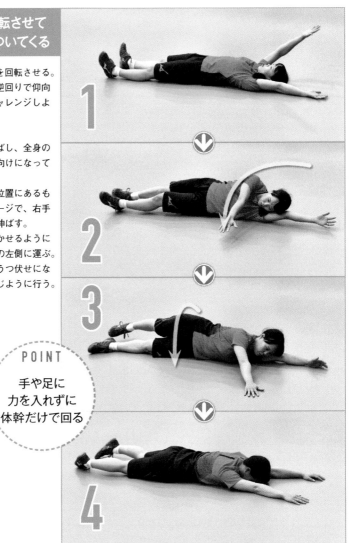

手脚を使わずに寝返りをうつ

仰向けの状態から体を横に回転させて、うつ伏せになります。いわゆる寝返りですが、手足や肩で床を押す反動を利用せずに行います。これによって体幹に刺激が入り、体幹の上部と下部が連動されます。通常時だけでなく、体勢を崩したなかでのプレーにも安定感を発揮できます。

····· training data ·····

主な部位	腹斜筋, 腹横筋
難易度	★ ★ ★
強度	1
回数目安	5回×左右・1〜2セット

variation ▨ ▪ ▨ 　ローリング・Vアーチ

腹筋や体幹を多面的に鍛える

仰向けでP104のVシットアップを行ってから、体を横に1回転させて、再びVシットアップを行う。腹筋や体幹を多面的に鍛えられる。

1. 仰向けから股関節を支点に、伸ばした脚と上体を起こす。
2. 仰向けの体勢に戻り、手脚の力を使わずに横に回転。
3. うつ伏せからさらに回転し、仰向けに戻る。
4. もう一度、Vシットアップで締めくくる。

POINT
一連の動きをできるだけスムーズに

51 ニー・トゥ・エルボー

体幹を強くして
腰痛の軽減や予防に

1

頭と肩、足を浮かせて
仰向けになって寝る

仰向けになって寝て、両手を組んで後頭部に当てる。自分のおへそを見るように上体を少し起こし、まっすぐ伸ばした両脚も浮かせる。

POINT

ヒジとヒザの
接点はおへその
上あたりに

2

ヒジと逆側のヒザを
近づけてくっつける

上体をねじりながら起こすとともに、顔が向いている側の脚を曲げながら引き上げる。前に持ってきたヒジと、上げたヒザを近づけてくっつける。1の体勢に戻り、逆側も同じように行う。

腹直筋と腹斜筋を集中強化

　P104のVシットアップとP108のツイスト・シットアップを合わせたようなトレーニングで、腹筋群のなかでも腹直筋と腹斜筋をより集中的に鍛えられます。体幹がしっかりするので、フォームの安定や、あらゆるプレーのパフォーマンスの質が上がる他、腰痛の軽減や予防にもつながります。

····· training data ·····

主な部位	腹直筋，腹斜筋，腸腰筋
難易度	★ ★ ☆
強度	2
回数目安	8回×左右・1〜2セット

---

variation ▪■▪	ハード・コア・ロール

全身の片側を屈曲
逆側を伸展させる

ヒジとヒザをくっつけた状態で体を横に回転させる、ニー・トゥ・エルボーのバリエーション。腹直筋や腹斜筋を長めに刺激続けられる効果がある。ヒジとヒザが離れやすいので注意しよう。

1. ニー・トゥ・エルボーの完了
　 形で静止する。片方の腕は頭
　 上に伸ばしておく。
2. 1の体勢をキープしたまま、
　 右側に横回転する。
3. だいたい90度回転したら、
　 同じように左側に横回転する。
4. 1の体勢に戻る。手脚を左右
　 入れ替えて、同じように行う。

POINT

カカトは床に
つけないまま
浮かせておく

ターキッシュ・ゲットアップ

支持点が変化する中で
全身の協調性を上げる

仰向けで寝て、右手でケトルを持ち上げ、同じ側の
脚はヒザを曲げて立てる。左側の腕と脚は床に

左ヒジを曲げて前腕を支えにし、上体を起こす。
このとき重力が下のヒジにかかるようにする

伸ばしている左脚を折り曲げて、
ヒザ立ちになる

POINT

ケトルは常に
最高地点を
キープする

左手を床から離し、上体を起こす。
片ヒザ立ちの体勢になる

ケトルを持って体勢を変化

ケトルベルやダンベルを持ったまま、様々な体勢に変えていきます。一般的には7つの動きで構成され、動作によって異なる角度から体幹部に負荷がかかり、体幹はもちろん、関節や全身の筋肉を協調させながら鍛えられます。苦手な体勢があれば、そこが弱い可能性が高いです。

······ training data ······

主な部位	全身
難易度	★ ★ ★
強度	3
回数目安	3〜5回×左右・1〜2セット

左腕を伸ばし切り、上体をさらに起こす。ケトルは最高点をキープ

左腕を突っ張るようにして腰を浮かせる。股関節の伸びを感じよう

床についている左ヒザを立てて、立ち上がる

ここまでの動きを1つずつ巻き戻し、1の体勢に戻る。手足を入れ替え、逆向きでも同様に

オーバーヘッド・スクワット・キープ

体の連動性を高めて
コートで自在に動く

頭上でチューブを引き
下半身はスクワット

両足を腰幅よりやや広めに開き、背筋を伸ばして立った姿勢から、浅めのスクワットのように腰を落とす。重心は、足の母指球、小指のつけ根、カカトの３点に均等に乗せ、股関節を安定させる。同時に両腕を頭上に伸ばし、両手に持ったチューブを左右に引く。できるだけ胸を張って、背中が丸まらないようにする。この体勢をキープする。

POINT

ヒザとつま先は
同じ方向に
向けておく

体幹と下半身を連動させる

　パート4で紹介したスクワットに、頭上でチューブを引っ張る動きを加えます。これにより、下半身を中心とした強化だけでなく、体幹も同時に鍛えられ、背骨などの脊柱と股関節やヒザ、足といった下半身の関節との連動性が高まります。体幹と下半身の連動性が、体全体を動かしやすくします。

······ training data ······

主な部位	全身
難易度	★ ★ ★
強度	3
回数目安	15〜20秒・1〜2セット

パートナーが邪魔をする

パートナーに体を押してもらうなど、邪魔をされても体勢を崩さないようにキープする。これにより強く安定した体幹が身につく。

とくに腕やチューブを後ろから引っ張られると、体勢を崩しやすい。どこか一部だけではなく、全身に意識を行き渡らせておく。

体勢をキープできるか、パートナーは体勢を崩すことができるか。たとえば30秒間で競うなど、ゲーム要素を取り入れても面白い。

©NEC REDROCKETS

監修

NECレッドロケッツ

1978年に創部。伝統あるチーム文化を守り、創造し、発展することを念頭に強く愛されるチームを目指している。また、チームのモットーである"堅守速攻"を武器に総合力で戦うチームであり、2016-17シーズンにV・プレミアリーグ優勝。2020-21シーズンは、V.LEAGUE、DIVISION1にて３位。多くの優勝を成し遂げている名門チームである。

NECレッドロケッツ
トレーニングコーチ

一関 侃
（いちのせき・かん）

東海大学卒業後、同大学体育学研究科にて女性アスリートの慢性障害・体力向上に関する研究を行う。修了後の2018年に、NECレッドロケッツトレーニングコーチに就任。身体の機能や構造に着目したトレーニング指導をチームで行っている。

実技モデル

塚田しおり
（つかだ・しおり）

1994年9月7日生まれ
神奈川県出身
川崎橘高校→筑波大学
セッター

小島満菜美
（こじま・まなみ）

1994年11月7日生まれ
宮城県出身
市立船橋高校→青山学院大学
リベロ

STAFF
● 制作・編集／株式会社多聞堂
● 取材・構成／小野哲史
● 撮影／勝又寛晃
● 写真／NEC REDROCKETS
● デザイン／田中図案室

バレーボール 勝利につながる「体づくり」競技力向上トレーニング

2021 年 10 月 30 日　　　第 1 版・第 1 刷発行
2023 年 8 月 10 日　　　第 1 版・第 3 刷発行

監修者　　NECレッドロケッツ
発行者　　株式会社メイツユニバーサルコンテンツ
　　　　　代表者　大羽 孝志
　　　　　〒 102-0093 東京都千代田区平河町一丁目 1-8
印　刷　　大日本印刷株式会社

◎『メイツ出版』は当社の商標です。

ご意見・ご感想はホームページから承っております。
ウェブサイト　https://www.mates-publishing.co.jp/

企画担当：堀明研斗